Foundations of Johan Galtung's Theory of Peace

ガルトゥング 平和学の基礎

ヨハン・ガルトゥング 著
藤田明史 編訳

法律文化社

は し が き

　本訳書は、現代平和学の方法の開発におけるパイオニアであり、世界の平和運動のリーダーとしても知られる、ヨハン・ガルトゥング (1930 -) の5つの代表的な論文・エッセイから構成される。それらは、次の通りである[1]。

　1　「積極的平和とは何か」(2015)
　2　「暴力・平和・平和研究」(1969)
　3　「文化的暴力」(1990)
　4　「革命の構造的理論」(1974)
　5　「生き方としてのコンフリクト」(1969)

　これらをなぜ選んだのかは巻末の「解題」で述べよう。まずは、ノルウェー出身のヨハン・ガルトゥングとはどういう人か。このことを多少とも知るために、彼の青少年時代のエピソードをいくつか記しておこう[2]。

　1940年4月、ナチ政体に賛同する緑の制服を着たドイツ兵がオスロの街路を行進した。市民社会はドイツ人の手にわたったのだ。彼の父親 (ノルウェー陸軍の少尉であり、また医者であった) は、オスロ近くの強制収容所に連行された。毎日曜日、冬はスキーを履いて、収容所を見おろす場所に彼は行った。「眼下には、黒い服をまとった何百、何千という囚人がいた。手に銃を持って見張るドイツ人の警備隊員が、緑の制服で1人ポツンと立っていた。黒い点々の1つが父なのだ」(さいわい父は帰還することができた)。1948年1月、ガンディーの死に際して、「世界中の人々が泣いた——こう言って赦されるならば、ノルウェーの17歳になる1人の少年をも含めて」。1951年、良心的兵役拒否者 (conscientious objector to military service) としての承認を求める法務省への書簡の末尾に、「私は生涯を平和研究に捧げたい」と書いた——それ (平和研究) が本当に何を意味するかほとんどわからないままに。これがすべての始まりであった。しかし、

i

何のための兵役か？　仮想敵国「ソ連」のためか？　答を見出すチャンスは1953年に訪れた。西側初の学生代表団に参加、ソ連に行った（滞在中にスターリンが死んだ）。世界を構成する唯一目に見えるのは、国民国家とそのシステムであった。しかし、これは「狂っている」。だから、「歴史からひどく扱われた魅力的な人々」は皆、「ソビエト連邦」に還元されたのだった——「それで終わり。狂っているよりひどい。実にくだらない」。1950年代は、学位取得のため数学と社会学を専攻、「集団や社会は個人の総和以上のものであるとのデュルケームの見方に私は魅せられた」。1957〜60年、コロンビア大学のリサーチ・スカラーとして、3人の社会学者（理論社会学者・数理社会学者・応用社会学者）に師事、「毎日が喜びであった」。1962年、本当のチャンスがやってきた。オスロ国際平和研究所（PRIO）が創設されたのだ。「平和が国際的・学際的方法で研究可能だという見方が通った」のであった。そして、これ以後は、現在のガルトゥングにまで一直線に繋がっているであろう。

　その間、平和に関する150冊の書物、1500本の論文——要するに膨大な量のテクスト——が書かれた。そのテーマは、平和研究、平和教育、平和行動、平和と戦争、防衛、平和と社会構造、平和と世界構造、平和の諸問題（ケース・スタディ）、方法論とイデオロギー、方法論と開発など、多岐にわたる。しかし、こうした研究対象の拡散と同時に、他方において、体系化への志向が一貫して強烈に働いていることは注目されてよい。たとえば「エントロピーと平和の一般理論」（1968）と題する論稿が、「ガルトゥング平和学」誕生の初発において、すでに書かれていた。[3]それは、平和概念の地平を飛躍的に拡大したものの、結論は過度に一般的であり、実践には無力であったろう。ゆえにそれ以後、より実体的な理論の構築が求められたと言えよう。そしてそれは、主として暴力概念の彫琢によって実現されることになった。

　現時点において、ガルトゥングの平和理論を体系的に示す代表的な著作として、次のものが挙げられよう。[4]

① 『平和的手段による平和——平和・紛争および開発・文明』（1996）
② 『紛争の理論——直接的暴力を克服する』（2010）

③ 『開発の理論——構造的暴力を克服する』(2010)
④ 『平和の理論——直接的・構造的・文化的平和の構築』(2013)
⑤ 『文明の理論——文化的暴力を克服する』(2014)
⑥ 『深層文化・深層構造・深層自然——平和理論と平和行動の3つの柱』(2017)
⑦ 『平和数学——平和の、平和による、平和のための数学』(2012)

　①の『平和的手段による平和』は、ガルトゥング平和学の体系化が企てられた最初のまとまった著作として重要である。②〜⑤は4部作として、理論の細部にわたって彫琢がほどこされ、これによってガルトゥング平和学の全貌が文字通り姿を現したと言えよう。しかし、ここにとどまらず、⑥によって理論のいっそうの深化が図られている。⑦は数理科学者ディートリヒ・フィッシャー (1941-2015) との共著で、ガルトゥングの平和理論の数学的補遺である。これらの著作は、われわれが平和を理論的・実践的に探究するとき、必ず参照すべき宝庫であるに違いない。しかし、その本格的な研究はすべて今後の課題である。

　現在、ガルトゥング著『日本人のための平和論[5]』(2017) が広く読まれている。この本を手にする読者の大半はおそらく専ら時論的な関心からであろう。しかし、そうした時論の根底にある基礎理論をさらに知ろうとするまでには、読者の関心は深まっていないようだ。しかし同時に、それ（基礎理論）を希求する知的欲求も確実にあるように感じられる。

　こうした状況において、本訳書を出版する意義は何か。あるいは、誰にこれを読ませたいのか。もちろん、平和（学）に関心をもつ高校生・大学生・大学院生・研究者に、であることは言うまでもない。しかし、編訳者として私は、誰よりもこの本を、一般市民にこそ読んでもらいたいと思う。

　ガルトゥングの論文・エッセイ——本になった体系化された著作ではなく——の特徴・特長は、著者の思考の流れ・スタイルが率直にそのまま表現されていることである。ゆえに、彼の論文・エッセイを精読することにより、読者はその思考の流れに自然に導かれ、表現された内容を深くかつ納得的に理解することができる。私は、一般の市民にこそ、そうした社会科学的思考そのも

のを、体験・味読してもらいたいのだ。内容に賛成か反対かとはそれは別次元のことである。

こうして、「平和とは何か？」の問いへの知的好奇心が社会の深部に旺盛に遊動してあるならば、大学生・大学院生・研究者による平和学およびそれに関連する諸分野の専門的研究が、一般社会との相互関係において、真に生きたものになるに相違ないからである。

平和の探求が社会科学の1つのディシプリンとして成立し得ることを私はガルトゥング平和学との遭遇によって知ることができた。その進化・深化のダイナミックな過程のいくつかの断面を示す本訳書が、平和への強い関心を喚起することを通じて、ゆくりなく、読者を平和研究（ピース・リサーチ）そのものへと誘うことができれば幸いである。

最後に、かなり長期にわたった翻訳の過程において、つねに訳者の士気を鼓舞してくださったトランセンド研究会の諸氏、日本の政治的現況において、ガルトゥング平和学の重要性を認め、本訳書の出版を決断された法律文化社の小西英央氏、これらの方々に深い感謝の意を表したい。

2019年7月

藤田　明史

1）　翻訳に当たって各論文のテクストとして次のものを用いた。

①Johan Galtung, Positive Peace——What Is That?, *TRANSCEND MEDIA SERVICE*, 5 January 2015.

②Johan Galtung, Violence, Peace, and Peace Research, *Journal of Peace Research*, Vol.6, 1969, pp.167-191.

Johan Galtung, Violence, Peace, and Peace Research, *Peace: Research・Education・Action, Essays in Peace Research* Volume I, Christian Ejlers, Copenhagen, 1975, pp109-134, Notes, pp.384-391.（両者には、本文および図の表示に若干の相違があるが、訳者の判断で良いと思われる方を採った）

③Johan Galtung, Cultural Violence, *Journal of Peace Research*, vol.27, no.3, 1990, pp.291-305.

④Johan Galtung, A Structural Theory of Revolution, *Peace and Social Structure*,

Essays in Peace Research Volume Ⅲ, Christian Ejlers, Copenhagen 1978, pp.268-314, Notes, pp.536-539.

　　⑤Johan Galtung, Conflict as a Way of Life, *Peace and Social Structure, Essays in Peace Research* Volume Ⅲ, Christian Ejlers, Copenhagen 1978, pp.484-507, Notes, pp.561-564.

　　なお本文中、強調のためのイタリック体の箇所は、翻訳では強調点を付した。また引用符の箇所は「　」で示した。文意を明確にするため訳者として語句を挿入した箇所は〔　〕で示した。

2 ）　興味あるいくつかのエピソードを次の諸文献から拾った。ヨハン・ガルトゥング「未来がどんな形をとるか」『ガルトゥングの平和理論——グローバル化と平和創造』、木戸衛一・藤田明史・小林公司訳、法律文化社、2006、pp.235-254. Galtung, J., Preface, Dedication, and Introduction: A Short Intellectual Autobiography, *50 Years−25 Intellectual Landscapes Explored*, Transcend University Press, 2008, pp.7-11. Galtung, J., THE POLITICAL GANDHI, *60 SPEECHES ON WAR AND PEACE*, PRIO, Oslo, 1990, pp.146-158.

3 ）　Johan Galtung, Entropy and General Theory of Peace, *Essays in Peace Research*, Volume Ⅰ, Ejlers, Copenhagen, 1975, pp.47-75. 本論文は、社会結合的な政策下において、社会の高エントロピーの状態が平和的であるとする。それは「すべての目的に対して最も効率的なシステムでは必ずしもないものの、すべてを破壊する戦争に対する最良かおそらくは唯一の防護であろう。同時に未だ語られていない可能性を人類に開くシステムでもあろう」と結論する。「平和の一般理論」の１モデルとして本論文の価値は現在でも失われていない。藤田明史「ガルトゥング平和学とトランセンドの活動」（日本科学者会議『日本の科学者』Vol.44、2009. 8、pp.24-25）を参照されたい。

4 ）　①*Peace by Peaceful Means—Peace and Conflict, Development and Civilization*, PRIO, 1996. ②*A Theory of Conflict—Overcoming Direct Violence*, TRANSCEND University Press, 2010. ③*A Theory of Development—Overcoming Structural Violence*, TRANSCEND University Press, 2010. ④*A Theory of Peace—Building Direct Structural Cultural Peace*, TRANSCEND University Press, 2013. ⑤*A Theory of Civilization—Overcoming Cultural Violence*, TRANSCEND University Press, 2014. ⑥*Deep Culture, Deep Structure, Deep Nature—Three Pillars of Peace Theory and Peace Practice*, TRANSCEND University Press, 2017. ⑦*Peace Mathematics— Mathematics of, by, and for Peace*, TRANSCEND University Press, 2012.

5 ）　ヨハン・ガルトゥング『日本人のための平和論』、御立英史訳、ダイヤモンド社、2017。

目　　次

はしがき

1　積極的平和とは何か …………………………………………………… 1

2　暴力・平和・平和研究 …………………………………………… 6

1　導　　入　6

2　「暴力」の定義および諸次元について　8

3　個人的暴力および構造的暴力の手段　18

4　個人的暴力と構造的暴力との関係　24

5　「平和」および「平和研究」の定義について　34

3　文化的暴力 ……………………………………………………………… 49

1　定　　義　49

2　直接的・構造的暴力の分類　51

3　3つのタイプの暴力を関係付ける　56

4　文化的暴力の事例　60

5　ガンディーと文化的暴力　71

6　結　　論　73

4　革命の構造的理論 ……………………………………………… 79

1　はじめに　79

2　革命の諸条件──いくつかの経験的な指標　87

3　行動の対話としての革命　92

4　革命を条件付ける10の要因　95

5　理論のサーベイ　130

目　次

　　6　結　　論　　133

5　生き方としてのコンフリクト ……………………………………………… 140

　　1　コンフリクトの定義　　142

　　2　コンフリクトの増加傾向　　150

　　3　コンフリクト・チャレンジへのいくつかの応答　　160

　　解題：ガルトゥング平和学の進化と深化 ……………………………………… 174

1 積極的平和とは何か

　積極的平和（positive peace）とは一体何か？　平和は多くの人にとって健康や解放のように栄誉の言葉であることをまずは心に留めておこう。夢や希望の1つの焦点であり、最高善（summum bonum）であり、職業としてのピースワークにとってきわめて厳密かつ吟味可能であるとともに、広く一般に開放され、新しい夢や情熱に満ちあふれている。健康がそうであるように、そこでは新しい様相がつねに現出する。たとえば、積極的心理学でのように。

　平和は、暴力の不在または低減を前提とする。ここで暴力とは、直接的暴力とともに構造的暴力、そしてこれら2つの暴力を正当化する文化的暴力のことである。しかしわれわれはより限定された概念として平和を用いることもできる。すなわち、直接的暴力——殺人、腕力で人を負傷させること、言葉で人を傷つけること——の不在として。そしてわれわれは暴力の態度としての側面すなわち憎悪の不在も含めるべきである。

　これらすべての暴力の不在、またはわれわれが共存可能な低レベルの暴力——近視や風邪のような——は、消極的平和（negative peace）を構成することになる。すなわち、不在としての平和であり、いかなる意味においても軽視されるべきものではない。しかし、それは平和への第一歩にすぎないのである。典型的なケースは、相互に何の関係もない2国の場合。過去に何の関係ももたなかったか、あるいはそうした状態が望ましいと決定したかのいずれにせよ。また、別れた状態にいるか、あるいは離婚したカップルの場合。もう1つの典型的なケースは本来の休戦である。武器密輸の習慣がないか、戦闘員の休息か、いずれにしても再配置のため。「受動的共存」（passive co-existence）の概念は消極的平和の概念をかなり良く包摂する。

　しかし、いかなる平和の理解も、それ以上のところまで行く。ミクロ・レベルでは個人内および個人間、メゾ・レベルでは分断線を横断する社会グループ

I

間、マクロ・レベルでは国家間および民族間、メガ・レベルでは地域間および文明間である。さらに言えば、平和はほとんど海図のない未知の領域である。多くの人々は「ウィン−ウィン」（win-win）という定式に満足している。しかし根底にあるコンフリクト（conflict）において、それは単に自らの目標が達成されたことを意味するだけであり、それ以上でもそれ以下でもない。

　暴力とは、相互に傷つけ合っている紛争当事者から溢れ出る何か悪いものを意味する。消極的平和とは、そこから何も溢れ出ていないことを意味する。積極的平和とは、相互に良い状態にある紛争当事者から溢れ出る何か良いものを意味する。私は積極的平和として次の５つが実りあることを見出した。

・衡平（equity）、相互かつ平等の利益のための協力、友情としても知られる。
・調和（harmony）、喜びと悲しみの共有、高い共感、愛としても知られる。
・衡平−調和の有機的組織（organization）、超越−制度としても知られる。
・融合（fusion）、全的平和、*pax omnium cum omnibus, sui generis*（独特の、すべての人のすべての人と共にある平和）としても知られる。
・死後の生（afterlife）、他者における、天国にて、MAB（相互確証至福Mutual Assured Bliss）としても知られる。

　ヨーロッパ諸国は何世紀もの戦争の後、協力を開始した。相互に共感し合い、衡平−調和を結晶させる制度として共同体（会議、委員会）に至る。加盟国を平和的に受容しすべてを包含するアクターとしてのヨーロッパ。そして、他者を鼓舞する。

　ミクロ・レベルでは、友情としての協力から、愛としての共通の関心から始まる。結婚に封じ込められ、年を経て、パートナーはアクターすなわちカップルとなり、そして子孫の中に生き続ける。

　［積極的平和の５つの要素に］対応して、理論構築および実践の通常の意味において、暴力の次の５つのレベルの検討が実りあるものであろう。

・暴力（violence）、他者の殺傷、分極化および支配関係をともなう。

・憎悪 (hatred)、他者の喜びを悲しむ、他者の悲しみを喜ぶ。
・暴力－憎悪の有機的組織 (organization)、超越－制度、戦争としても知られる。
・融合 (fusion)、総力戦、*bellum omnium contra omnes, sui generis* (独特の、すべての人がすべての人に対する戦争［ホッブス］) としても知られる。
・死後の生 (afterlife)、他者における、地獄にて、MAD (相互確証破壊 Mutual Assured Destruction) としても知られる。

　暴力は構造としても存在し得る。戦争＝悲惨、総力戦＝飢餓。
　積極的平和の建設ブロックは、友情と愛とである。戦争のためのそれは暴力と憎悪である。1つは行動の属性であり、1つは態度の属性である。一般に友情は愛に先行し、暴力は憎悪に先行する。しかし「一目ぼれ」がある以上、「一目ぎらい」もあるに相違ない。なぜなら、愛も憎悪もあり余るほどあるから、単に対象を必要としているだけだからである。われわれは平和および戦争への道——行動としてのそして態度としての——を語ることができよう。
　暴力の根底には「言説の否認」／矛盾 (contra-diction)、不両立性 (incompatibility)、すなわちコンフリクトがある。そうしたコンフリクトの解決・転換は暴力の低減に決定的に重要である。
　平和の根底には「言説の肯定」(con-diction) がある。私はそれを共生 (conviviality) および目標の両立 (compatibility of goals) と定義した。「言説の肯定」(「言説の否定」とは正反対) はさらなる平和の構築に決定的に重要である。
　次の3つの段階は暴力および平和をより高いレベルに引き上げる。

有機的組織：2つの要素を超越し、制度化し、結晶化する何か新しいもの。共同体、結婚、マクロ・レベルおよびミクロ・レベルの平和のため。戦争、すべてのレベルの暴力のため。
融合：独特の (*sui generis*)、新しいアクターの誕生。ヨーロッパ、カップル、当事者間における永遠平和。安全保障志向によって導かれた永久戦争のためのホッブス的状況、パラノイド的諸国家 (ホッブスの自然状態としてではな

い）、自国中心主義。

死後の生：世俗的解釈としては、人々が他者に残す功罪、両親が子孫に渡す時間を通じるドミノとしての平和および戦争のパターン。宗教的解釈としては、その後の生、天国の平和、地獄の暴力。平和の概念は両者［世俗的および宗教的解釈］に適用される。

MADからMABに至る領域の拡がりはどうだ、そして人間はそのすべてを行う能力がある！　消極的平和［ゼロ・ポイント］から始まって、暴力‐憎悪に下降し、または友情‐愛に上昇する。制度化された友情‐愛は平和、制度化された暴力‐憎悪は戦争である。そして、空間的な融合が新しいアクターまたは事物の一般状況を生成し、時間的な融合が肯定的または否定的なインスピレーションを通じて行われる。天国そして地獄、涅槃または輪廻として永続化される。そしてMABおよびMADに至る。

1つ問題がある。有機的組織または高レベルでの融合としての制度化（institutionalization）に関して。制度化は友情‐愛から、そしてまた暴力‐憎悪からも新鮮さを奪ってしまうのではないか。後者はしばしば意図的に行われる。被害者や大部分の加害者に対して反人間的であることのために、暴力と憎悪を維持するのに制度化が必要になるのであろう（逃亡を企てる味方の兵隊を殺すために後方を歩く将校のように）。愛し合う当事者が制度化された結婚の制約の外で共に生活することを欲し、諸国が地域に飲み込まれるよりは主体性を好むことがあるのを、われわれは肌で感じる。EUを見よ。しかし、有機的組織は有益であろう。そこでは融合が起こり、死後の生はまた生である。

平和のフォーミュラ（公式）は次のように表される。

$$平和 = \frac{衡平 \times 調和}{トラウマ \times コンフリクト}$$

平和のフォーミュラは、戦争から平和へ、MADからMABへの、複雑な非線型の道におけるすべての点において付加するのに、衡平と調和を用いる。トラウマに対しては和解（conciliation）、コンフリクトに対しては脱分極化

1 積極的平和とは何か

(depolarization) および脱支配 (de-domination) をともなう解決 (solution)。理想主
義とプロ意識が手を携えて進む。

2 暴力・平和・平和研究*

1 導　　入

　本論文でわれわれは「平和」という言葉をかなり頻繁に使うことになろう。これほどしばしば使用され、しかし濫用されている言葉も少ない。おそらく「平和」は、言葉の上の合意を得る手段として機能するため、平和に真正面から反対することは難しいからであろう。[1]ゆえに、技術協力、貿易振興、観光、新教育、灌漑、工業化など、ほとんどどんな政策であっても、その弁護には、他の利点に加えて、平和の大義に奉仕することが主張されるのだ。政策と平和との関係が、過去においていかに薄弱であり、将来の合理的な期待としてそれを正当化する理論がいかに怪しげであっても、このことは行われるのである。このような困難は、過去のデータあるいは未来に関する理論への言及を排除することにより回避できるからだ。

　こうした行為は必ずしも有害とは言えない。「平和」という語は、後になってより深い結びつきの地盤を整えるという目的において、共通の土台や連帯の感覚を生み出すから、それ自身において平和産出的であり得る。紛争の一方のグループの語彙から引き出され、他方の敵対するグループの語彙からは排除される、より意味の明確な語を用いることは、まさにその語が明確に理解されるということにより、異論を惹起し、紛争をあらわにしてしまう。一方「平和」という語は、利害の調和というイメージを投影することで、調和のイメージを喚起し得る。平和は誰もが実行すべき義務だから、それは敵対者にも、一語で表現する、両者間における重要性と一体性という価値を提供する。

　「平和」という言葉の頻繁な使用は、世界の非現実的なイメージを与えることになるという反論があり得る。「暴力」「不和」「搾取」、または少なくとも「紛争」「革命」、そして戦争という表現が、基本的に非調和的な世界を意味論的に

2 暴力・平和・平和研究

写し出すのにより頻繁に使用されるべきだというのだ。しかしこのよく行われる議論はしばらく脇に置くとして、語が認識の道具として使用される場合、あるレベルの厳密性が必要となることは明らかである。この点において、「平和」を定義するのに、誰も独占権をもっていないことはもちろんである。しかし、研究の文脈でこの語を用いる者は、平和研究者が現に行っているように（そして将来も行うであろうように）、定義が問題になるとき、何らかの理由から回避すべきことの経験を少なくとも得ているであろう。われわれは、平和の概念を議論するのに次の3つの簡単な原則から始めよう。

1．「平和」という語は、必ずしも大多数でなくても、多くの人々に少なくとも言葉の上で合意される社会的な目標として用いられる。
2．こうした社会的な目標は、複雑かつ困難であるものの、獲得するのに不可能ではない。
3．平和とは暴力の不在であるとの言明は、妥当なものとして保持される。

第三の原則は定義ではない。というのは、これは「不明なことをいっそう不明なことで（説明する）」ことの明白な場合であるからだ。われわれが意図するのは、単に「平和」そして「暴力」という言葉が、「平和」は「暴力の不在である」と考えられ得るという仕方で、相互に結びつけられるということにすぎない。

われわれの意味論的な探究の旅における初期の段階では、このことの理由は二重である。言明は簡単かつ通常の使用法に合致していること、および、それが平和的な社会秩序を点ではなく領域——暴力が不在であるところの社会的秩序の広大な領域——として定義していることである。この領域の内部では、社会的秩序の他の諸側面の輪郭を描くイデオロギーの諸形態と両立可能な、平和を指向する途轍もなく膨大な変奏が、依然として可能である。

いまやすべては「暴力」概念の構築にかかっている。これは魅力ある仕事とはとても言えない。しかもそこで示されることは、多くの読者にとって満足のいくものではない。しかし、何か決定的な定義または分類といったものに到達することが重要なのではない。なぜなら、明らかに多くのタイプの暴力が存在

するからだ。より重要なことは、理論的に、重要な問題に向って思考や探究や潜在的な行動に導くことができる、暴力の枢要な次元を示すことである。もし平和行動が、暴力に反対する行動との理由から高く評価されるとするなら、暴力概念はその最重要な諸相を含むのに十分に広いものであり、しかし、具体的な行動の基礎となるのに十分に固有のものでなければならない。

　こうして「平和」の定義は、科学的戦略の主要な部分となる。それは「大多数」の人々が使う通常の使用法からはかけ離れているかもしれないものの（コンセンサスは必要でない）、全く主観的であってはならない（「多くの人々が合意する」）。それは、その実現がユートピアではない事物の状態を描写するものの（「獲得が不可能ではない」）、しかし直ちに政治的計画にはならない（「複雑」かつ「困難」である）。そして、それは直ちに、今日および明日の政治的・知的・科学的な計画に関わる問題に、人々の注意を向けさせるものでなければならない。[2]

2　「暴力」の定義および諸次元について

　出発点として次のように言おう。すなわち、人間が現実に、肉体的・精神的に達成したものが、彼らの潜在的な実現可能性を下回るような、そうした影響を彼らが蒙ったとき、そこには暴力が存在する、と。この言明は、多くの問題を解決するよりも、むしろそれらに導くものであろう。しかし、われわれがなぜ狭義の暴力概念を拒否しているのかはやがて明らかになる。ここでの狭義の暴力とは、行為者（アクター）により結果を意図して行われる、肉体の無力化または健康の剥奪（その極端な形態である殺人をも含めて）のことであり、それ以外のことではない。もしこれが暴力のすべてであれば、そしてその否定が平和と見られるのであれば、平和が1つの理想として立論されるとき、排除されるものはあまりにも少ない。とうてい受容できない社会秩序が平和と両立することになる。ゆえに拡張された暴力の概念が不可欠である。しかし、その概念は、望ましくないことの単なる羅列ではなく、論理的な拡張でなければならない。

　こうした定義は少なくとも6つの枢要な暴力の次元を提示する。しかしまずは、上述した「現実」および「潜在」的というキーワードの使用に関して、いく

つか注意しておこう。暴力はここで潜在的なものと現実にあるものとの間の差異の原因として定義されている。すなわち、そうあり得たであろうものとそうあるものとの差の原因である。暴力とは、潜在的なものと現実にあるものとの距離を拡大するものであり、その距離の縮小を阻害するものである。だから、もし人が18世紀に結核で死亡したとしても、これを暴力と考えるのは困難である。それはほとんど不可避であったに違いないからだ。だが、世界に医学的な諸資源があるにもかかわらず、今日、その人が結核で死亡したならば、われわれの定義によれば、そこには暴力が存在する。これと呼応して今日、地震に起因する人々の死の場合は、暴力に関する分析を根拠とすることはないだろう[3]。しかし、地震が回避可能となるかもしれない明日においては、そのような死は暴力の結果と見なされるであろう。言い換えれば、潜在的なものが現実に存在するものを上回り、そのことが回避可能であるとき、定義よりそこには暴力が存在するのである。

　現実が不可避であるとき、その現実がきわめて低いレベルであっても、暴力がそこにあるとはいえない。新石器時代における30年の期待寿命は、暴力の表現ではない。しかし今日において同様の期待寿命は（戦争のためか、社会的不正義のためか、あるいは両者のためかを問わず）、われわれの定義によれば暴力と見なされるのである。

　このように現実化の潜在的レベルは、洞察と諸資源の所与のレベルで可能となるものである。もし洞察そして／または諸資源が１つのグループまたは階級によって独占されていたり、他の目的のために使用されていたりするならば、現実のレベルは潜在的なレベルを下回り、そのシステムには暴力が存在することになる。このような間接的な暴力のタイプに加えて、現実化の手段は剥奪されないものの直接に破壊される、直接的な暴力も存在する。こうして、戦争が行われるとき、人を殺し傷つけることは、確かにその人の「現実の肉体的達成」を「潜在的な肉体的現実化」以下に置くことになるから、そこには直接的暴力が存在する。しかし、そこにはまた、現実的なものを潜在的なものに近づける建設的な努力から洞察と諸資源が奪われるから、間接的暴力も存在する[4]。

　「潜在的な現実化」の意味するところのものは、きわめて問題含みである。

とりわけ、われわれが人間の生の肉体的な側面——そこではコンセンサスがより迅速に得られる[5]——から精神的な側面に移ったときにそうである。ここでのわれわれの指針は、おそらくしばしば、実現されるべき価値に関してかなりの合意が得られるか否かにならざるを得ない——それは満足できることからは程遠いのではあるが。たとえば、識字はどこでも高い関心がもたれている。しかし、キリスト教徒であることの価値は高度な論争の的となる。ゆえに、識字があるべき水準より低い場合には、われわれは暴力について語ることができよう。しかし、キリスト教があるべき水準より低い場合には、そうはいかないであろう。この文脈においてこうした困難な点にはこれ以上われわれは立ち入らない。そこで、暴力の諸次元に立ち返ることにしよう。

　これらの議論のためには、出発点としてわれわれが与えた上述の言明が示唆しているように、暴力を影響という観点から把握するのが有効である。完全な影響という関係は、影響を与える者、影響を受ける者、そして影響の様式を前提としている[6]。人々の場合にはそれを簡単に示すことができる。すなわち、主体、客体、行動である。しかし、この完全な人と人との間の影響関係は、専ら暴力のきわめて特殊なタイプに焦点を当てることによって、われわれを迷路に導く。そうした関係が中断された場合でも、主体または客体またはその両者はきわめて重要である。こうした問題にアプローチするために、暴力的行動それ自体を特徴づけるいくつかの二次元、すなわち影響の様式から始めることにしよう。

　第一の区別は、身体的と精神的な暴力間の区別である。この区別は陳腐ではあるが重要である。上述した暴力の狭い概念は専ら身体的暴力に集中するからである。身体的暴力のもとでは、人間は肉体的に傷つき、ついには死に至ることがある。さらには、肉体的能力を減少させる（潜在的な可能性以下に）「生物的暴力」と、「身体的暴力」とを区別するのが有効である。この場合、身体的暴力は、人間が刑務所に入れられたり、鎖につながれたり、あるいはまた交通へのアクセスが不平等に分配され、可動性が少数の選ばれた者によって独占され、人口の多くの部分が同じ場所に閉じ込められたりすることなど、人間の運動に対する制約を増大させることである[7]。しかし、こうした区別は、身体に働く暴

力と魂に働く暴力との区別に比して重要性は小さい。魂に働く暴力は、洗脳、様々な種類の教化、脅しなど、精神的な潜在能力を減少させるものである。（ちなみに、「傷つける」（hurt）や「打つ」（hit）という英単語は、身体的暴力とともに精神的暴力をも表現する言葉として使えるということは興味深い。この二重性は言語にもビルト・インされているのである。）

　第二の区別は、否定的および肯定的な暴力間の区別である[8]。人は次のようなとき、影響を受けたと言い得る。影響を与える人が、誤りと考える行動をその人が行った場合、その人を罰するときである。しかしそれだけではなく、影響を与える人が正しいと考える行動をその人が行った場合、その人を褒めるときである。この場合、彼／彼女の行動に対する制約は増加ではなく減少し、その肉体的能力は減少ではなく増加するだろう。これは直ちに同意されるだろう。しかしこのことと暴力はどういう関係にあるというのか。大いに関係がある。なぜなら、最終の結果として、人間という存在は、依然として、その能力の実現が著しく妨げられることがあるかもしれないからだ。こうして多くの現代の思想家は[9]、消費社会は消費に専ら明け暮れる消費者を大いに賞賛する一方、そうしない者を積極的に罰することはない、と強調する。そのシステムは幸福の約束をベースとする報酬志向であり、そのような存在であることによってまた人々の行動の範囲を狭めているのである。このシステムが、許可された範囲の外に長くいることが不快な結果をもたらすために、行動の範囲を規制するシステムに比して良いか悪いかを議論できよう。おそらくそれは、苦痛ではなく快楽を与えることに関してより良く、あからさまに行わないで巧妙に操作することに関してはより悪い。しかし重要な点は、暴力概念の認識がこうした方面に拡張され得ることである。それによって議論のためのより豊かな基礎が生み出されるからだ。

　第三は、客体の側に関する区別である。すなわち、傷つけられる客体があるかどうかである。身体的または生物的な客体が傷つけられない暴力は考えられ得るだろうか。これは上に言及した中断された暴力の場合にあたるだろう。しかし、にもかかわらず、これは大いに意味がある。人またはグループまたは国が、投石であろうと核兵器実験であろうと、暴力的手段を誇示し、誰もそれに

よって打たれ傷つけられていないという意味では、暴力はないと言えるかもしれない。しかし依然としてそこには身体的暴力の脅威があり、人間の行動を制約するある種のタイプの精神的暴力と特徴づけられる、心的暴力の間接的な脅威がある。実際、これはまた意図されたものである。有名な力のバランスの教義はまさにこうした影響を達成しようとする努力に基づいている。そしてこうした精神的暴力に対応して、いかなる客体にも到達することのない次のようなものがある。嘘は真実以上のものにはならない。なぜなら誰も嘘を信じないからである。いかなる条件においてもこうした種類の思考のもとでの虚偽は暴力である。しかし、このことは広く議論されている状況において、最小の悪であり得ることには違いない。

　物の破壊は暴力であろうか。再び、それは完全な定義のもとでは暴力ではない。しかし、ある「退化」した形では暴力と言えるかもしれない。少なくとも次の2つの意味において精神的暴力と言えよう。前兆としての物事の破壊、または人間が破壊されるかもしれないことへの脅威、および消費者または所有者と呼ばれる人々にとってきわめて高価な物の破壊として、[10]である。[11]

　第四は、これが最も重要であって、主体の側に関する区別である。すなわち、行動する主体（人）が存在するかどうか、である。再び次のように問われるであろう。誰も直接的暴力を行使することがないとき、われわれは暴力を語ることができるだろうか？　これは上述した中断された暴力の場合に該当するものの、再びきわめて意味のあるものである。われわれは暴力を行使するアクターが存在する暴力のタイプを、個人的または直接的暴力と呼び、アクターが存在しないときの暴力を、構造的または間接的暴力と呼ぶことにしよう。[12]両者の場合において、個人が殺され不完全にされ、打たれ傷つけられ、そしてアメとムチの戦略によって操作される。しかし、第一の場合において、これらの帰結はアクターとしての具体的な個人が原因として追跡されるのに対して、第二の場合においては、こうしたことはもはや意味を持ち得ない。構造においては、他者を直接に殺傷する人は誰もいないかもしれない。暴力は構造にビルト・インされ、不平等な権力として現れ、したがって生の不平等なチャンスとして現れる。[13]所得分配がきわめて歪められているごとく、資源は不平等に分配

され、識字・教育は不平等に分配され、医療サービスはある地域そしてあるグループだけに存在する、といったことである[14]。とりわけ資源の分配をめぐる決定権は不平等に分配される[15]。このような状況は、所得の低い者は教育・健康・権力においても低いことによって、より強化される。こうしたことはしばしば見られる。このようなランクの次元は、人々が社会構造に縛り付けられている仕方に強く相関するからである[16]。資本制社会に対するマルクス主義の批判は、生産過程から生まれる剰余に関する決定権力がいかに生産手段の所有者によって握られているかを強調する。生産手段の所有者はランクの次元の高い他のポジションをすべて買収することができる。資本制社会では貨幣が高度に交換可能だからだ——交換すべき貨幣をあなたがもっていればの話だが。社会主義社会に対する自由主義者の批判は、同様に、1つの分野における権力を他の分野における権力と交換する少数者グループが、いかに決定権力を独占するかを強調する。敵対者は有効な意見表明ができる段階に達していないという単純な理由によってである。

　ここで重要な点は、もし人々が飢餓状態にあり、これが客観的に回避可能であるとき、そこには暴力が行われているということである。明白な主体 – 行動 – 客体という関係がそこにあるかどうかにはかかわらない。昨日の攻囲戦の最中の場合、あるいは、主体 – 行動 – 客体という関係が明白ではない、今日の世界経済諸関係が組織されている仕方のような場合、いずれもそこには暴力がある[17]。われわれは2つの異なる仕方で区別に命名した。それぞれ対語を用いて、個人的 – 構造的、直接的 – 間接的というように、である。明白な主体 – 客体という関係は行動として可視的だから顕在的である。これはわれわれのドラマの概念に対応する。これは、暴力を行使する人間たちがいるという意味で、個人的である。それは容易に認識され、言葉で表現される。言語（少なくともインド・ヨーロッパ語系）における基本的な文章と同じ構造をもっているからだ。すなわち、主語 – 動詞 – 目的語という構造である（今の場合、主語も目的語も人間である）。このような関係をもたない暴力は、構造的である。暴力が構造にビルト・インされている。こうして、1人の夫が彼の妻を殴打するとき、明らかにそこには個人的暴力がある。しかし、百万人の夫が百万人の妻を無知の状態

にしておくとき、そこにあるのは構造的暴力である。これに対応して、1つの社会において、期待寿命が上層階級では下層階級の2倍のとき、1人の人がもう1人を殺すときのように、直接的に他の人々を攻撃していると指摘されるような特定のアクターはいないにもかかわらず、そこでは暴力が行使されているのだ。

暴力という言葉を過度に使わないために、われわれは時々、構造的暴力の状態を社会的不正義と呼ぶことがある。[18]「搾取」という語は、いくつかの理由から使わないことにする。第一に、それは政治的な語彙に属し、多くの政治的・情動的な含蓄があるため、その語の使用はコミュニケーションをかえって難しくするからである。第二に、その語は動詞（exploit）を含む表現をあまりにたやすく許容するために、それが一旦使われると今度は、この現象の、個人的とは対立する構造的な本質から注意がそらされるからである。さらには、意図的な構造的暴力に関する根拠のない非難にもしばしばつながるからである。[19]

第五は、意図的か非意図的かの暴力間の区別である。この区別は「罪」の有無が決せられるべきときに重要となる。罪の概念は、「帰結」よりも（いま問題にしている暴力の定義は全面的にこの帰結の問題に定位している）、ユダヤ・キリスト教の倫理においても、ローマ法においても、「意図」の方に強く結びつけられている。この結びつきは重要である。なぜなら、暴力や平和やそれに関連する概念に関する思考に内在するバイアスに焦点が当たるからである。意図的な暴力には反対する方向に向けられた倫理システムは、その網の目に構造的暴力を捉えるのに容易に失敗するだろう。そして小魚は捕まえても大きな魚は逃してしまうだろう。こうした虚偽から、すべての関心を構造的暴力には反対する方向に向けるという別の虚偽がわれわれの精神において知恵にまで高まる、ということにはならない。もし平和という問題意識があり、平和とは暴力の不在であるのなら、行動は、構造的暴力に対する反対にだけではなく個人的暴力の反対にも向けられなければならない。この点は以下に展開される。

第六は、顕在的か潜伏的か、という暴力の2つのレベル間の伝統的な区別である。[20]顕在的暴力は、個人的であれ構造的であれ、観測可能なものである。しかし、「潜在的な現実化」という理論的な存在物も描像に入ってくるから、直

接的にとはいえない。潜伏的な暴力とは、何かそこにあるものではないが、簡単に出現するものである。暴力とは、定義によって、達成された現実と潜在的な現実の間の差異（あるいは差異が縮小しないまま維持されること）の原因となるものだから、増大した暴力の状態とは、潜在的なレベルが上昇したときにも、達成された現実のレベルが低下したときにも出現する。しかし、われわれは増大した暴力の状態を後者に限定することとし、状態がきわめて不安定であり、現実に達成されたレベルがたやすく低下するとき、そこには潜伏的な暴力があるということにしよう。個人的暴力に関しては、このことはごく些細な挑発が、かなりの殺戮や大虐殺の引き金になる状況を意味している。こうしたことは、人種間闘争においてしばしば見られる。このような場合、個人的暴力は、最初の勃発、発射、打撃、叫びの前の、日・時間・分・秒の時点ですでに存在していた。こうした状況の表現方法をわれわれは必要とする。潜伏的な個人的暴力がまさにそれである。それは不安定な均衡を示し、そこでは現実に達成したことが、それ自身の悪化を、メカニズムを支えることによって防護し得なかったのである。

　同様に構造的暴力に関して、相対的に平等な構造の突如の封建化、すなわち、ずっと安定的な石化してさえいる位階的な構造に結晶化することに対して、不十分にしか防護されない場合をわれわれは想像することができよう。高度に位階的・軍事的な組織によってもたらされた革命は、平等主義の輝かしい時期および重要な挑戦のあと、位階的な構造に戻ってしまう。これを避ける1つの方法は、一番重要なこととしてもちろん、位階的・集団的な闘争組織を避けることであり、非暴力的なゲリラ組織を闘争に用いることであり、手段を平等な目標の予告とすることである。[21]

　もっと多くが含められるべきであるかもしれないが、次元のリストは一応これで終えよう。1つの疑問が直ちに発せられるであろう。これら6つの二元論の中から、任意の組み合わせがア・プリオリに除外されるかどうかという疑問である。しかし、そうしたことは考えられない。客体のない構造的暴力さえも意味がある。完全な暴力的関係の中断は、主体と客体の両者を消去するところまで行くのである。個人的暴力は脅してとして意味をもつ。誰も一撃を受けて

図1　暴力の類型化

いないのに、そうした脅威の表現として。構造的暴力は青写真としての意味をもつ。社会的生命のない抽象的な形式として、人々を脅し従属させるのに用いられる。もしあなたが行動しないのなら、以前に有していた不愉快な構造を、われわれは再び導入しなければならないのである、と。

　この文脈においては肯定的・否定的という区別はあまり重要ではないから無視すると、図1に示される類型が本質的なものとして最終的に得られる。

　平和が今や暴力の不在と見なされるのであれば、平和に関する思考（したがって、平和研究や平和行動に関するそれ）も暴力に関する思考と同じやり方で構成されるであろう。暴力というケーキを切るには明らかに多くの切口がある。伝統的には暴力は個人的暴力としてだけ考えられてきた。1つの重要な小区分は、「暴力 対 暴力の脅威」というものであった。もう1つは「身体的戦争 対 精神的戦争」というものであった。さらにもう1つは、（道徳的・法的思考において重要な）「意図的 対 非意図的」というものであった、等々。ここでの選択は、個人的および構造的暴力間の区分を基礎とするということである。その正当化事由として、それによって（1）統一的な観点（潜在的な現実と達成された現実の差異の原因）を持ち得ること、（2）構造的暴力が個人的暴力に比して被害がより少ないと仮定する理由は何もないことを示し得ること、が挙げられよう。

　他方において、構造的暴力よりも個人的暴力の方がより多く注目されてきたのは何ら不思議ではない。個人的暴力は顔を見せる。[22]個人的暴力の客体は、通常は暴力を知覚し、嘆き悲しむ。これに対し、構造的暴力の客体は、それを全く知覚しないように強いられる。個人的暴力は、変化とダイナミズム——波の上の小波だけではなく、それがなければ起こらない静かな水面上の波——をも

表現する。構造的暴力は沈黙している。それは顔を見せない。それは本質的に静的であり、静穏な水面でこそある。静的社会では個人的暴力が記録される。一方、構造的暴力はわれわれのまわりの空気のように自然的なものと見られる。

　逆のことも言える。高度に動的な社会において、個人的暴力は誤りであり有害であるけれども、しかし依然としてどうにか物事の秩序と合致している。一方、構造的暴力は明白なものになる。それは入り江の中の巨大な岩のように聳え立ち、自由な流れを妨げ、あらゆる種類の渦巻きや乱流を作り出す。こうして、おそらく個人的暴力についての思考（ユダヤ的・キリスト教的・ローマ的伝統における）が、今日われわれが本質的に静的な社会秩序と見なすものにおいてとっている現在の形は、それほど不思議ではない。一方、構造的暴力についての思考（マルクス主義の伝統における）は、高度に動的な北西ヨーロッパ社会において形成された。

　言い換えれば、われわれは構造的暴力をある一定の安定性を示すものとして捉えるのに対し、個人的暴力（たとえば一般的には集団的紛争に、特殊的には戦争に起因して鳴らされる弔鐘によって測定される）は、時間を通じて夥しい変動として現れる。図2を参照。

　これはほとんど同義反復である。社会構造にビルト・インされた暴力のタイプは、一定の安定性を示す。社会構造はおそらく時々には一夜のうちに変化することがあるものの、それほど急激に変化することはめったにない。個々人の気まぐれや願いに従うと見られる個人的暴力の安定性は低い。ゆえに、構造的暴力の「静穏な水面」がより多くの暴力を孕んでいるにしても、個人的暴力の方が容易に気づかれることになる。こうした理由から、戦後の時期には、それが戦間期にならないように、個人的暴力に焦点が当てられることをわれわれは期待する。そして個人的暴力の大きな勃発が部分的にも忘れ去られるほどにそ

図2　時間と2つのタイプの暴力

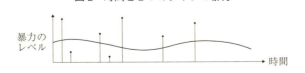

の期間が十分に長引けば、われわれは構造的暴力に注意が集中されることを期待する。社会が十分に動的で、いかなる安定性も何か突出した不自然な感じをわれわれに与えるならば、である[23]。

3　個人的暴力および構造的暴力の手段

　こうした区別の抽象性をより少なくするため、個人的暴力や構造的暴力が実際にはどのようにして行われるのかを探究しよう。個人的暴力から始めよう。「現実の肉体的達成」に焦点を当てることによって、他者の手の中でいかにそれが減少し、低い水準に置かれるかを見よう。問題は簡単である。答も同じように簡単であるのは、暴力の問題に対してそれが手段的アプローチを示唆しているからである。身体的な害を相手に与えるという固有の仕事があり、それを実行する個人が調達可能である。ところで、これは１つの生産関係であり、社会の経済セクターと多くの点で同じような「発展」を示している。それはつねに洗練されつつある道具と差別化されつつある社会組織の導入を伴う。この場合、道具とは武器や軍事のことである。そしてその組織は、仕事場や工場ではなく、ギャングや軍隊と呼ばれる。

　個人的・身体的暴力の類型は、今や使われた道具に焦点を当てることで展開される。その出発点は身体そのものであり（原基的形態としての殴り合いやより進んだ形態である空手や合気道など）、すべての種類の軍事へと向かい、今日までのところＡＢＣ兵器においてその最高点に達している。もう１つのアプローチは、組織の形態を利用する。孤独な個人から始めて、モッブや大衆を経て、現代のゲリラまたは軍隊による戦争で終わる。これら２つのアプローチは関連している。経済組織においてとまさに同じく、手段と生産様式（ここでは直接的な身体的暴力）とは相互に依存し、そして一方が遅れると、そこには紛争が発生する。これら２つのアプローチが合体すると、特殊な場合として、軍事的戦争の歴史が生み出されるであろう。身体的暴力の多くはそれ自身において軍事的ではないからである。こうしたアプローチにおいて、武器またはその技術は蓄積的である。そしてひとたび開発された組織形態は、時代遅れになることは

2　暴力・平和・平和研究

表1　個人的・身体的暴力の類型

解剖学的なものに焦点	生理学的なものに焦点
1　圧縮（第一撃、石弓）	1　空気を与えない（窒息、絞扼）
2　引き裂き（絞殺、延伸、切断）	2　水を与えない（脱水）
3　穿孔（ナイフ、槍、銃弾）	3　食物を与えない（包囲による飢餓、禁輸）
4　焼殺（放火、火炎、火炎放射）	4　運動を禁じる
5　毒殺（水や食物に混入、毒ガス）	a　体を制約する（鎖、ガス）
6　蒸発（原爆でのように）	b　空間を制約する（牢獄、拘禁、追放）
	c　脳を制御する（神経ガス、「洗脳」）

あっても消え去ることはない。ゆえに、この分類は体系的ではなく、つねに新たな発展を記録することに開かれている。

　より体系的なアプローチは、標的を見定めることによって得られる。標的とは、人間である。彼は相対的に解剖学的（構造的）にそして病理学的（機能的）に認知される。分類はそれを基礎として展開される。1つの原基的な分類は表1によって示される。基本的な区別は絶対的ではないものの、有用である。1つは機械（人間の身体）を破壊し、他はその機械が機能するのを妨害する。後者は2つの方法によって行われる。インプット（一般的にはエネルギー源、身体にとっての空気・水・食料）の阻止とアウトプット（運動）の阻止である。人間のアウトプットは肉体的なものであり、外部によって運動として記録される（極限の場合として静止が来る）。あるいは外部によって直接には記録されない精神的なもの（言葉のコードの運動を含む運動形態が示す指標によってのみ記録される）がある。身体的と精神的な個人的暴力の境界は明確ではない。精神的な技術によって身体的運動に影響を与えることは可能であるし、その逆も然りである。身体的な制約は確かに精神面に影響を与える。

　表1で技術のいくつかが括弧内に示されている。ここで爆発について注釈を加えておこう。原則として2つの種類がある。ミサイルを発射することと、人間の身体に直接に作用することである。爆発は解剖学的な手段を組み合わせることによって後者の目的のために多く用いられる。標準的な爆弾は1と2を組み合わせたものである。これに散弾を加えると、3が行われる。簡単な化学物

19

質を加え、焼夷弾にすると4が行われる。ガスが加えられると5が行われる。さらに装置が核兵器化すると無上の達成が得られる。すなわち6である。これはおそらく原則として永久的な達成である。発明を体系的に元に戻すことは困難である。可能なことは抑制することだけである。表の諸原則を組み合わせて新兵器がつねに作られ得る。しかし、より基本的な技術革新の余地はある。新しい原理の導入である。

　構造的暴力のためのこうした類型を構築することが今や可能だろうか。構造的暴力の背後の一般定式には不平等、とりわけ権力の分配における不平等があることをわれわれが受け入れるならば、これは計測可能である。そして不平等は、ほかの場所でのおびただしい変化にもかかわらず、高い生残能力をもっているようである。[24] しかし、もし不平等が持続するものであるのなら、われわれは次のように問うことができよう。個人的暴力およびその脅威を別にして、どのような要因がそうした不平等を保持しているのだろうか？　明らかに、軍事科学やその関連科目が個人的暴力の理解にとって不可欠であるように、社会構造の科学とりわけ位階化の科学が、構造的暴力の理解のためには不可欠である。

　ここは社会的構造の一般理論を展開する場ではない。しかし、多少ともそのメカニズムを理解するためには、いくつかの概念が必要である。最も基本的な概念は、アクター（行為者 actor）、システム（系 system）、ストラクチャー（構造structure）、ランク（位 rank）、そしてレベル（階層 level）である。アクターは目標（ゴールgoal）を追求する。そして、それら（アクター）は相互に作用し合うという意味においてシステムの中に組織づけられる。しかし、2つのアクター——たとえば2つの国——は通常1つ以上のシステムの中で相互作用を行っていると見なすことができる。それらは、政治的に協力する——たとえば国連において投票の交換を行うことによって——だけではなく、物品の売買によって経済的にも、またアイデアの交換によって文化的にも協力する。そして、アクターの集合を所与とすると、アクター間のこのような相互作用が行われるすべてのシステムの集合を構造と呼ぶことができる。構造において、アクターは1つのシステムでは高いランクをもち、次のシステムではランクは低く、3番目のシステムでは高いといったごとくである。または、アクターは恒

常的に高いランクにあるか、低いランクにあるかである。

　しかし、1つのアクター——たとえば1つの国——をより近くから見ると、われわれは非常にしばしば、それをそれ自身の権利において1つの構造と見ることができよう。しかもそれは、1つのアクターとして出現することができるから、1つの統合された構造である。アクターに関してこうした「入れ子」式の見方は重要であり、それはアクターのレベルという概念に導く。これに関して3つの重要な解釈がある。[25]

——領土に関して。1つの国は地域の集合と見なすことができる。次に地域は自治体の集合と見なすことができる。そしてこれらは、個々人の集合と見なすことができる。
——組織に関して。1つの工場はしばしば組立てラインと見なすことができる。その工場は組立てラインに製品を供給するサブ工場をもっている。最終的には個々の労働者に行きつく。
——結社に関して。それらはしばしば地方の支部からなると見なすことができる。そして最終的には個々の会員に行きつく。

　こうして社会秩序または社会無秩序は図3のように示すことができよう。
　これらすべてのシステムにおいて相互作用があり、そして相互作用のあるところでは何らかの仕方で価値が交換される。それゆえ、かなりの期間システムが機能したあとの価値の配分がどのようであるか、そして平等・不平等な分配間の総体としての区別を研究することには大いに意味がある。
　われわれは今や、不平等な分配を維持するのに作用し、その結果として、

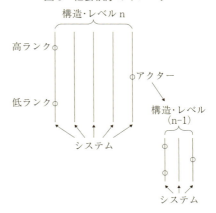

図3　社会秩序のイメージ

構造的暴力のメカニズムと見なすことができる6つの要因に言及することができる。

1）線型のランク付け秩序——ランク付けは、どのアクターの組み合わせをとってきても、どちらが高位かに関して疑問の余地なく、完璧である。

2）非環の相互作用パターン——すべてのアクターは関連しているものの、一方向のみである。相互関連の「正しい」道は唯一つあるだけである。

3）ランクと中心性 (centrality) との相関——システムにおいてアクターが高いランクにあるほど、相互関連のネットワークにおいて彼の地位（ポジション）はより中心に近い。

4）システム間の相同 (congruence between the systems)——相互関連のネットワークは構造的に類似している。

5）ランク間の一致 (concordance between the ranks)——1つのシステムにおいて高ランクにあるアクターは、それが参加するもう1つのシステムにおいても高ランクにある傾向がある。

6）レベル間における高ランクの連結 (coupling)——レベル (n-1) における最高位のアクターを通じて、レベル (n-1) のアクターはレベル n における代表者となる。

　以上の要素はその否定を吟味することでかなりの程度まで理解することができる。最後の要素から始めよう。

　さて、1つの国が経済的・文化的な1つのキャピタル（首都）によって支配され、これよりずっと小さい政治的なキャピタルを持ち、国際システムにおいてはこの政治的キャピタルを通じて大部分の政治的相互作用が行われていると想像してみよう。この場合、最も高いランクにおいて結合が行われていないから、権力はシティー（市）のレベルにおいて分配される傾向がある。同様に、キャピタルから地域への主要な道路が、直接に地域の重要地ではなく、ある周縁の地を繋いでいた場合をわれわれは想像できよう。政府が世界に対して大統領や首相によってではなく、外務大臣によって代表されるとき、あるいはサブ

工場が部長ではなく副部長によって代表されるときも同様である。とはいっても、レベル（n-1）のトップ・アクターがレベル n における代表者になることは非常にしばしばであり、これにはいくつかの含意がある。[26]

　同様に、アクター間の合算されたランク付けが、相対的に平等の傾向を示す点にまで、かなりのランク間の不一致があるとしよう。その場合、不平等のパターンの一貫性は減少し、それを強化する力は弱まるから、システムにおける不均衡の総量はいかなる安定性をも転覆させる傾向がある。さらに、もしシステムが相同ではなく、構造において異なるとすると、アクターは相互作用のパターンをそう簡単には一般化することはなくなり、より柔軟になり、一方向の行動に凍りついてしまうこと（たとえば奴隷根性）が少なくなるであろう。そして、もし最高位のランクのアクターがネットワークにおいて必ずしも中心的な地位をもたなくなると、このことはその権力を減少させるであろう。そうした権力は、より低ランクのアクターがより大きな程度にまで直接的な相互作用——高ランクのアクターを通じる調停による相互作用だけではなく——を許容されることによっても、減少するであろう。最後に非線型やピラミッド型（部分的とも認識される）のランク付けは、システムにおいてより多くの余地と柔軟性を許容する。[27]

　いまや多くの命題がこれに関して展開され得る。1 つの基本的な命題は次のようだ。社会システムはこれら 6 つのメカニズムのすべてを増長させる傾向をもつであろう——そうならないように慎重かつ持続的に予防されないならば。このようにして、このパターンは不平等をいっそう拡大させる。ある構造では、そうした傾向がいっそう顕著であるため、最下位にあるアクターは潜在能力に対して相対的にだけではなく、実際に生存の最低限以下にまで能力を奪われてしまう。こうして不平等は、封建的諸関係の連結する輪において、地域における個人間、国における地域間、そして国際システムにおける国家間の、罹患率および死亡率の違いとなって現れる。彼らは剥奪される。構造が彼らから、勝ち組（topdog）に対して行使するための彼らの力——投票力、交渉力、スト権力、暴力としての——を組織化・結集する機会を奪うからである。部分的な理由として、彼らが原子化され非統合化されていること、勝ち組の示す権威

のすべてに彼らがあまりにも畏れを抱いていることが挙げられよう。

　最終の結果は、個人的・構造的暴力の両者の場合における身体的な傷害である。しかし、構造的暴力はおそらく心理的暴力としてかなりの頻度で記録されることになろう。すなわち、非常に異なる手段がきわめて似た結果をもたらすのである。このことの帰結は後に探究しよう。

4　個人的暴力と構造的暴力との関係

　本節では、2つの暴力間の関係について、次の要点に従っていくつかコメントを述べよう。

1）そもそも、個人的暴力と構造的暴力の間には区別が本当にあるのか？
2）もしあるのなら、1つのタイプの暴力は他のタイプの暴力の顕在的な存在を前提にしていないのだろうか？
3）もし純粋なタイプがあるとして、にもかかわらず、他のタイプの前史があると言えないのだろうか？
4）もしこのことが一般的に言えないのであれば、1つのタイプの暴力は他のタイプの潜伏的な存在を前提にしていないのだろうか？
5）もしこのことが言えないのであれば、1つのタイプの暴力は他のタイプの暴力の不在のためにわれわれが払うべき代価とは言えないのではないか？
6）もしこのことが一般的に言えないのであれば、その帰結において、1つのタイプの暴力は他のタイプよりずっと重要であるとは言えないのではないか？

　最初の問題から始めよう。

　こうした区別は全く明確でないとの議論があり得る。個人的暴力の中にある構造的な要素の兆候、また構造的暴力の中にある個人的な要素をこの区分は無視しているというのだ。これらの重要な観点は次のような場合に再確認されよ

う。ある人が、彼の暴力的な行為の決定を、彼個人としての熟慮に基づくだけではなく、社会的な期待——社会における地位（それを通じて彼は社会的自己を実現する）に含意される役割からくる規範として彼に影響する——に基づいて行うと見なされる場合である。また、暴力的な構造を、それが個人の行動に支持されないならば、社会環境からの期待の有無にかかわらず、単なる1つの抽象物にすぎないと見なされる場合である。しかしそうであっても、このことは、本当の区別はないということを意味しないのではないか？　個人的暴力を行使している人が、構造に起因する期待を弁解として常に使っているとは言えないのではないか？　搾取的な社会構造を支えている人が、このことに責任をもつことはないのではないか？

　こうした疑問にもかかわらず依然として残る区別は、表4タイプの他者への行動が直接的な結果として人間を打つ暴力と、（前節で分析したような）抑圧的な構造が合算され合奏された人間の行動によって支えられる、間接的に人間を打つ暴力との間のそれである。これらの行動の質的な違いが問題なのである。罪の意識の問題は、確かに形而上学の問題ではない。罪の意識はその他の感情と同じく真実の感情であるには違いないものの、それほど興味のあるものではない。問題はむしろ、暴力が直接的かつ個人的に、あるいは間接的かつ構造的に主体と客体の関連を構成しているかどうかであって、暴力の経路の両端にいる人々がこの関連をどう知覚しているかではない、ということである。主観的な意図ではなく、客観的な帰結が主要な関心事なのである。

　しかし、個人的暴力と構造的暴力は、論理的だけではなく、経験的にも独立なのだろうか。構造的暴力がふんだんに仕込まれた構造がしばしば平均以上の個人的暴力の事象を際立たせるという相関があるものと仮定すると、それらを純粋な姿で取り出すこと、1つを他から切り離して捉えることができるのではないか？　人の変化にかかわらず構造的暴力は存続するという意味において、人–不変的であるような暴力をもつ構造は存在するのだろうか？　逆に、構造的な文脈が変わっても個人的暴力は存続するという意味において、構造–不変的な暴力をもつ諸個人は存在するのだろうか？

　どちらの場合も答えは「然り」のようである。中心都市–衛星都市関係とい

うカプセルに包むような位階の連続をもつ典型的な封建的構造は、誰が支えているか、構成員の意識のレベルはどうかにかかわらず、明らかに構造的暴力である。個人的暴力または個人的暴力の脅威は必要ではない。そして、（ほとんど）どんな状況でも暴力的な人間はいるものだ（しばしば「暴漢」と呼ばれる）。彼らの性格は、いかなる構造的なコンテクスト——社会全般に合理的と考えられている——のはるか外で暴力的な性質を発揮することである。こうした理由から、彼らはしばしば制度化される（最初にそして最も明白に違反したところの基本的な価値によって彼らは牢獄か精神病院に入れられる）。ゆえに、2つの形態の暴力は経験主義的に独立であると結論しても良さそうである。

　しかしこのことだけから、2つのタイプの暴力の間に、必要な（十分なだけではなく）因果関係がない、あるいは一方向的な還元主義のより強い条件が満たされていないと結論することはできない。すべての構造的暴力の場合、より立ち入って精査してみると、それらの「前史」に個人的暴力がある。搾取的なカースト・システムまたは人種差別社会は、戦闘の喧騒の後、薄っぺらなしかし強力な勝者の集団の上層部を残すから、大規模な侵略の帰結と見えるだろう。暴漢は暴力的な構造の社会化の不可避的産物と見られるであろう。彼は反抗者であり、紛争や葛藤に向き合うのに他の方法では体系的に訓練されていない。構造がオルタナティブを彼に残さなかったからである。こうして構造的暴力はしばしば構造的暴力を生み、個人的暴力はしばしば個人的暴力を生む、ということには誰も異論がないだろう。しかし問題は、2つの暴力間の交互の生成である。言い換えれば、純粋な場合は、その場合の前史あるいは構造的なコンテクストが都合よく忘れられたときにだけ、純粋なのである。

　これらが過去の探究や暴力の原因論にとっても、未来の構想や暴力の治療にとっても、同様に実り豊かな観点であることを全く否定するのではないものの、われわれは、暴力が同種のまたは異種の暴力の前史を前提としているという立場は否定したいと考える。この見解は一つの増殖理論であり、あらゆる増殖理論と同じく、次の2つの問題に答えることができない。そのプロセスはそもそもどのようにして存在するようになったのか？　暴力の同時的な発生は不可能なのか、あるいは、すべての暴力の場合において、それらは他の暴力の場

26

2 暴力・平和・平和研究

合の正当な所産——ある種の使徒伝承（この場合の内容は「原罪」のようであるが）によって手渡される——なのだろうか？

　構造的暴力の場合をとりあげよう。ここでは完全なテストケースなど決して得られないことが議論されよう。われわれが次のようなことを考えていると想像してみよう。人々は、孤立してとり残されたとき（ディスカッション・グループにおいてか、孤島に座礁したときなど）、いろいろなシステムを形成するであろう。そこではランク、またはステータス（地位）と呼ばれる相対的に安定した相互作用の差別化評価が現れるであろう。高ランクはすでに高いランクをもっている何人かに集中するであろう。そして相互作用はそうした方向に流れて行くであろう。その結果、遅かれ早かれ、1つの封建的な構造が出現するに相違ない。すると次のような反論があり得る。確かに、そうだ。人々は、こうした構造にすでに社会化されていて、彼らのできることは、自分たちの経験や習慣をそこに投影し、初期の構造に生命を与えることだけなのだ。いろいろな道があるというわけではない。人間が、人間であるためには、人間によって格付けされなければならない。だからそこにはつねに継続という要素があるのだ。

　おそらくそうだろう。しかし、以上の推論は「タブラ・ラサ」（白紙の心）の状態下でも真理であるのではないか。なぜなら、おそらくそれは、(1) 個々人はそれぞれが異なっている、(2) これらの差異は何らかの形で相互作用の行動と関わっている、という事実と関係しているからである。ゆえに、封建的な構造の形成を防ぐには、特別な方法が必要となる。構造的暴力は構造的平和に比してより「自然的」であるからだ。個人的暴力についても同じである。紛争の結果であろうとなかろうと、暴力事例の発生の防止に、最も平等的な構造でさえいかに十分でないのかを見るのは難しくない。個人的暴力はおそらく個人的平和に比してより「自然的」なのだろう。さらに、不平等的構造は紛争制御のメカニズムにビルト・インされている。それがまさに位階的であることによって、平等的構造は封建的構造に潜伏していた多くの新たな紛争を白日のもとに曝すのである。

　今やわれわれは次のように言うことで、前進できるかもしれない。すなわち、暴力の1つのタイプが他のタイプの暴力の顕在的な存在を前提にしていな

27

いにしても、にもかかわらず、顕在的な構造的暴力は共時的にも通時的にも潜伏的な個人的暴力を前提にしている可能性がある、と。構造が脅かされたとき、その構造的暴力から利益を得ている者、とりわけトップの地位にある者は彼らの利益を守るためにうまく立ち回って現状維持を図ろうとするであろう。構造が脅かされているとき、様々なグループや個人の行動を観察することで、さらに特殊的には、構造の救援に誰がやって来るかに注意を払うことにより、構造を維持する利益に関わって構造のメンバーのランク付けに利用することのできる操作上のテストが導入される。不穏な動きがあるとき、妨害を受けていない持続性のあるときにははっきりとは現れなかった困難な状況が表面化する。しかし、注意深く観察しなければならない。というのは、現状維持に最も関心をもつ者は、構造の防護に公然とは出現しないからである。彼らは前面に傭兵を押し出す。[28] 言い換えれば、彼らは警察、軍隊、刺客、一般の社会的最下層の者を騒乱の原因に対して動員し、自らは個人的暴力の混乱から離れた遠隔の地に引きこもる。彼らはこれを構造的暴力の外挿として行うことができる。警察の行う暴力はわれわれの定義では個人的暴力である。しかし彼らが出動させられるのは、構造に深く根差した期待によってである。介入する意図という変数を仮定する必要は全くない。彼らは単に自分の仕事を行うだけである。

　こうした見方はおそらく、次に挙げるいくつかの重要な要因を過小に評価しているにしても、一般的にきわめて妥当なものである。

1.「抑圧の道具」が抑圧的構造に内部化され、個人的暴力は制度的な規範だけではなく、内部化された規範の表現となる、そうした内部化の程度。
2. 構造的暴力によって利益を得ている彼ら自身が、構造に関して鋭いそして真摯な疑問を持ち、彼ら自身の犠牲を払ってまで構造の変化を見たいと思っている、その程度。[29]
3.「構造への挑戦」が、構造それ自身よりも警察等との個人的対峙となり、構造に関してよりも個人間関係の力学が暴かれる、そうした傾向の程度。
4. 暴力的構造のすべてのメンバー（勝ち組だけではなく）が、構造の操作に寄与するようになると、責任は全員が負うことになる。彼らは非協力を通

じ構造を揺るがすことができる、そうした状況の程度。

　しかしこうしたことそれ自体はマイナーな事柄である。社会事象は常に単純な定式化で把握されることを拒否するものだ。より重要なことは、上述の命題［顕在的な構造的暴力は潜伏的な個人的暴力を前提にしている］を逆にし、顕在的な個人的暴力は潜伏的な構造的暴力を前提にしている、ということによって何らかの洞察を得ることである。そのアイデアは、個人的暴力の手段によって維持されている１つの平等的な構造は、この暴力のパターンが廃絶の点に至るまで挑戦されるとき、そのとき構造的暴力が出現するだろうというものである。

　この命題は興味深い。われわれに未だ知られていない洞察を可能にする扉が開かれるかもしれない。次のように言明することは、ア・プリオリに非理性的とは言えないであろう。もし個人的暴力の不在が、構造的暴力の１つのパターンと結びついているならば、個人的暴力はすぐそこの角をまがったところにある。これに対応して、もし構造的暴力の不在が、個人的暴力と結びついているならば、構造的暴力もまたすぐそこの角をまがったところにある。結局のところ、われわれが言っていることは、暴力の和が一定である、ということである。われわれが廃絶された暴力のタイプの潜伏的な様々のありようを考慮に入れ、その他のタイプが砕けてしまったとき、そのタイプはいつでも出現できる待機状態にあるのか、踏み込める準備状態にあるのか、ということである。１つのタイプの暴力の不在は、他のタイプの暴力の脅威という費用のもとに購われている、というのだ。

　しかし、ある状況において洞察を活性化させるようなこうした考察であるにしても、われわれは次の２つの理由からこの悲観的な見方を拒否するのである。第一は、２つの命題は単純に正しいとは思えないということである。暴力に関して純粋に構造化され、個人的暴力のあらゆる手段が「廃絶された」構造を想像することは難しくない。ゆえに、構造が脅かされたとしても、潜伏的な個人的暴力の動員による第二の塹壕による防御がないということである。同様に１つの構造は、個人的暴力の減少に由来する解放された諸力を位階的秩序に

凍結するのに全く準備ができていないということである。経験主義的には、こうしたケースは稀である。しかし重要である。

　第二に、そこにある仮説は、整列した状態を保つためには人間はともかく暴力を必要とする、というものであろう。その暴力が個人的なタイプではないとすれば、それは構造的な諸々のタイプであろう。次のような議論があり得る。すなわち、個人的暴力ないし個人的暴力の脅威がなくても、きわめて強い位階的構造が、秩序を維持し紛争を制御するのに必要とされる。そして、構造的暴力ないし構造的暴力の脅威がなくても、個人的暴力がその代替として容易に機能するであろう、と。しかし、これが可能な経験主義的な規則性を説明する1つの合理的な理論だとしても、それはそれ自身としても、規則性を仮想的・永久的に正当な原理として具体化する議論として十分なものではない。反対にこれは、高度に悲観的な見方であって、それを完全に受け入れることは敗北主義にほかならないであろう。

　顕在的であれ潜伏的であれ、1つのタイプの暴力は他のタイプの暴力を獲得または維持するかの問題から、その反対の問題、すなわち1つのタイプの暴力は他のタイプの暴力を廃絶するのに必要または十分かの問題にまではそう遠くない。4つの問題に分割できるこの問題は、われわれを現代の政治的討論の場に直ちに連れて行く。そのいくつかの議論を簡単に見てみよう。

1．構造的暴力は個人的暴力を廃絶するのに十分である。この命題は、ある限定された、短期的な妥当性をもつと思える。もし構造的暴力を維持するために、上述のすべての方法が実行されたならば、構造によって区別されてきたグループ間の個人的暴力が廃絶されることは大いに可能であろう。負け組（underdog）は勝ち組によってあまりにも孤立させられ、畏れさせられるため、勝ち組には恐れるべきものが何もない。しかし、このことが成り立つのは当該のグループの間だけである。それらのグループ内部では、封建的な構造は実行されない。そして、その構造は、想像し得る最も安定的な社会的構造であるものの、永久に安定的であるのではない。それが転覆するかもしれない仕方は多くある。その結果は個人的暴力のおびた

だしい激発であろう。ゆえに、おそらくそれは、個人的暴力を一時的には区分・排除できる構造ではあり得るものの、個人的暴力の不在と存在の期間が交互に繰り返すことにつながるだろう。

2. 構造的暴力は個人的暴力を廃絶するのに必要である。これは明らかに正しくはない。個人的暴力はそれを実行しないでおこうとの決定が行われるや否や、個人的暴力はなくなるからである。しかしもちろんこのことは次の問題を喚起する。どのような条件のもとでそのような決定が行われ、それが実際に維持されるのか。個人的暴力（の脅威）という手段によって得られる「秩序」の多くが、構造的暴力（の脅威）という手段によっても得られるという意味において、構造的暴力は1つのオルタナティブを表現していることは十分に明らかである。しかし、その関係を必要性と言明することは、われわれの限られた経験主義的な経験の外に大きく出ることになる。

3. 個人的暴力は構造的暴力を廃絶するのに十分である。再びこの命題は、ある限定された、短期的な妥当性をもつと思える。個人的暴力が封建的な構造の中で勝ち組に対して実行され、表1で述べた手段が単独または組み合わされて使用され、彼らを身体的に無力化する。勝ち組がもはやそこにいなくなると、彼らの役割は果せなくなり、封建的構造は明らかにもはや機能しない。ゆえに、ちょうど上の1で述べたように、グループ間の構造的暴力は廃絶されるかもしれない。しかし、暴力的な構造の中での勝ち組の廃絶と暴力的な構造の廃絶とは全く別の事柄である、といった置き違えられた具体性の謬論がこの命題に反対する最大の論拠となってきた。すなわち、新しい権力グループが直ちに真空を埋め、占有者の名称を変えるだけで構造をできれば合理化し、この場合、構造的暴力はしばしの間でさえ廃絶されない。あるいは構造がやがて、再度出現する。内部的なダイナミズムによるか、あるいは新しい権力保持者の頭脳に強固に刻印されているため、それは潜伏的な形態において恒常的に存在するから、というものである。

4. 個人的暴力は構造的暴力を廃絶するのに必要である。もちろんこれは、ある程度流通している有名な革命的命題である。人はそれへの反論を、経

験的・理論的・価値論的な３つの基盤において行うだろう。経験主義的には、構造的な変革が構造的暴力を減少させ、構造的暴力の減少は個人的暴力をともなわないで行われたように見える、そうしたすべての事例を挙げることができよう。それへの反論は、構造の基本的変化をともなわない場合が多々あったというものだ。もし権力保持者に対する根本的な脅威があったとするなら、彼らは個人的暴力に訴えていたに相違ない。理論的には、人は、構造的暴力と個人的暴力の手段間の質的な違いを指摘し、そして次のように問うだろう。仮に個人的暴力が構造的暴力の廃絶を導くことがあるにしても、いくつかのそしてより有効な構造のための変革手段が構造的であり得ることはない、とは言えないのではないか。たとえば、相互作用のネットワークの体系的な変化、ランクのあり方の変化などである。言い換えれば、個人的暴力の不可欠性を信じることは、理論的な基盤の上では、個人的暴力の物神崇拝化（fetishization）の一事例と言うことができよう。そして価値論的な議論がある。経験的または／そして理論的な基盤の上で、今日に至るまで個人的暴力が不可避と見られていたにしても、そのこと自体、個人的暴力の不可避性が跡形もなく消え去る条件を体系的に探究するもう１つの有力な理由となるであろう。

　われわれの探究は、再びいかなる絶対的なものを暴くのに失敗したように見える。十分性または必要性への信仰を、いずれにしても維持するのは困難である。２つのタイプの暴力は、論理的にはもとより経験的にも、単純に結びついているようには見えない。論理的に関していえば、すべての練習問題は２つのタイプの暴力が論理的に独立していることを示すための努力である――それらは相互に連続していて、１つは他の中に消え入るようであるにしても。
　しかし、いずれかへの還元主義を人は拒否するにしても、暴力の１つの種類に他よりも探究の関心を集中させるのには、依然として理由があるに相違ない。その帰結から見て、１つが他よりずっと重要であるとの議論がいつも行われるであろう。そこで、２つの暴力によって引き起こされた損失、あるいはそれらが排除されたとき人類に生ずる利得を、われれは計算できると想像して

みよう。原則においては、これらは不可能ではない。少なくとも、死亡に関して、あるいはおそらくは罹患に関しても現れる、より単純な暴力の身体的形態に関しては不可能ではない。戦争のない状態における死亡率および罹患率は、通常、戦前および戦後のデータからの外挿によって、相対的によく計算することができる。搾取がない状態におけるその種の計算はより難しい。しかし不可能ではない。われわれは、もし入手可能なすべての資源が生物的な生命の長さを拡張し改良するために利用されたなら、さらには社会空間において平等な方法で分配されたなら、達成されるべきレベルを計算できよう。1つまたは他の形態の暴力によって被った費用は、定義が要求するように、潜在的なレベルと現実のレベルとの差として現れるから、そうした費用が計算され得る。さらには、2つの形態の暴力が同時に行われるときの費用も計算できよう。

こうした計算の1つの重要な特色——平和研究所の研究計画において高い優先度をもつべきもの——は、たとえばキューバ革命において、構造的暴力の低減による利得よりも、個人的暴力に関わる費用が高いのか低いのか、といった問題への回答に門戸を開くことである。バティスタのもとでの構造的暴力の費用評価の基礎として、比較可能なラテン・アメリカ諸国を用いると、筆者は確実に低いと言えるだろうと思う。もちろんこの方程式に、バティスタのもとでの個人的暴力、カストロのもとでの構造的暴力——高い地位の所有者としてだけではなく人間としての旧ブルジョアジーの完全な疎外——をも含めなければならない。こうした言明は印象的ではあるものの、経験主義的に裏打ちされなければならない。

しかし、このような計算がいかに魅力的であって、構造的および個人的暴力のダイナミクスへの知的好奇心との理由から、これらの現象の理論的洞察をわれわれが今日有しているレベルよりもずっと高度なレベルにまで展開することと、政治的行動の基礎として費用・便益分析をこの分野に受け入れることとは同じではない。ここでのポイントは、数学的な「1人の人間の生の1年＝1人の人間の生の1年」を、それがいかに失われまた生かされたかには無関係に、政治的な行動の場に投影することに異議を唱えることでは必ずしもなく、このようなタイプの分析が政治的行動に関してあまりに控え目な目標に導く点にあ

る。「個人的および構造的暴力の前後のレベルを考慮して、あなたは暴力を減らすよう政治的行動をしなければならない」といった、一般的な規範が定式化されたとしよう。そのような種類の規範は、構造的および個人的暴力間のあるかもしれない相違に盲目となるに違いない——そうした暴力が将来、より大きな暴力を得るようになる潜在的可能性が問題となるときに。しかも、暴力の減少がありさえすればそれがいかなる程度であれ行動を大目に見ることになり、暴力の表面にあって、政治的行動を下方[暴力減少の方向]に向けさせるだけに終わる。それは、最も急な傾斜の可能性をもつ、これまで人間に未知であった下降の道を求める体系的な探究には決して向かわせない。

　しかし、同様に重要なことは、どのタイプの暴力がより重要であるかに関して、時間と空間から独立した一般的な判断に到達することは、ほとんど不可能であることを思い起こすことである。空間的には今日、アメリカにおける研究は個人間とともに国家間の構造的暴力に、ヨーロッパにおける平和研究は個人的暴力にはっきりと焦点が置かれるべきであろう。ヨーロッパにおける潜伏的な個人的暴力は核戦争の勃発に至るかもしれない。しかし、アメリカでの（そこだけではないが）顕在的な構造的暴力は、毎年、核兵器に匹敵する弔鐘を鳴らしている。こう言ったからといってわれわれはもちろん、ヨーロッパの状況における構造的暴力の要素（西欧による東欧に対する大国支配および伝統的搾取のような）を無視してはいないし、アメリカにおける高レベルの個人的暴力——国際的な戦争の形態はとっていないものの（しかし時々は介入主義的な侵略の形態をとっている）——を忘れているのではない。

5　「平和」および「平和研究」の定義について

　個人的・構造的暴力の区別が基本的であるとするなら、暴力は二面的であり、したがって暴力の不在としての平和も二面的となる。暴力の拡張された概念は平和の拡張された概念に導く。コインが二面を持つように、すなわち一面だけならそれはコインの全体ではなく一側面にすぎないように、平和も二面的であり、個人的暴力の不在および構造的暴力の不在なのである。[30]それらをわれ

34

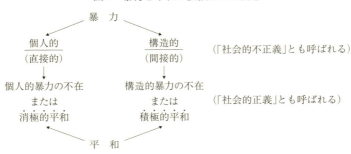

図4 暴力と平和の拡張された概念

われはそれぞれ消極的平和（negative peace）および積極的平和（positive peace）呼ぶことにしよう。[31]

　簡潔のためには、一方は否定的（消極的）な、他方は肯定的（積極的）な定式化である、「暴力の不在」および「社会的正義」という定式の方がおそらく好まれるであろう。「消極的」そして「積極的」という用語を使用する理由は容易に見てとれる。すなわち、個人的暴力の不在は、積極的に定義された状態に導かないのである。一方、構造的暴力の否定とは、われわれが社会的正義として言及したものであり、積極的に定義された状態（権力や資源の平等な分配）なのである。このような仕方で考えられた平和は、暴力のあからさまな使用の制御や削減の問題だけではなく、われわれが他のところで言及した「垂直的発展」の問題でもあるのだ。[32] このことは、平和の理論は紛争の理論と濃密に関係しているだけではなく、それと同じ程度に開発の理論とも関係していることを示している。そして、平和の実現のための条件――過去・現在・未来の――を探究することと定義される平和研究は、紛争研究および開発研究と同じように濃密に関わるものとなろう。前者はしばしばより多く消極的平和と関わり、後者はより多く積極的平和と関わるものの、両者にはきわめて重要な重なりがある。

　平和と平和研究のこのような見方を正当化するために、これらの「側面」すなわち様相の1つに限って平和を捉えようとすることがわれわれをどこに導くかを見ておこう。このような試みは、理論においておよびまさに実践において、それらが立脚する一面性に焦点を当てることによって、平和のより豊かな

概念の必要性を際立たせることになる。ここではこのようなタイプの分析のご
く外観をスケッチするにとどめる。とりわけ、個人的および構造的暴力間の関
係については前節でかなりの程度まで探究したからである。

　暗黙の裡か公然か、構造的暴力の探究を無視するという代価を払って行われ
る個人的暴力の削減に関する探究は、きわめて容易に「法と秩序」の社会を受
容することに繋がる。個人的暴力はシステムに組み入れられる――あたかも
マットレスの中の圧縮されたバネに負荷が組み入れられるように。そのことは
マットレスが解体するときに現れる。そして他方、社会的諸悪の是正、すなわ
ち個人的暴力の暗黙の裡か公然の受容・利用と引きかえに社会的正義を得るこ
とに探究の重点が置かれる。個人的暴力の短期的な費用は、延長された構造的
暴力に比して相対的に安い。しかし、個人的暴力は顕在的な身体的暴力を引き
起こす傾向がある――反対者だけからではなく、それ自身のグループの内部か
らも。暴力的革命の余波は一般的にこのことを証言しているであろう。

　われわれは、平和の１つの様相の探究にあまりに重点を置きすぎると、一面
的な重点が「個人的暴力の不在」に置かれるか「社会的正義」に置かれるかに
よって、右か左かへの極端主義を合理化する傾向があると総括できよう。そし
てこれら２つのタイプの極端主義はもちろん形式的であるだけではなく、社会
的に密接に関連しており、弁証法的なあり方をとっている。すなわち、しばし
ば１つは他の反作用なのである。両者ともを実行しようとすると、平和の２つ
の様相のどちらも実現できないという、周知の社会秩序が容易に展開される。
全体としての社会的不正義が高度に顕在的な個人的暴力を手段として維持され
ることになる。通常、そうしたレジームは「現状」(status quo) を維持しようと
する。現状維持が何世代も続いたような伝統的な社会的不正義の強制的な維持
か、あるいは旧システムを転覆する企てによってもたらされたある種の新しい
タイプの不正義の強制的な維持かのどちらであるにしても、である。

　もし「平和」が今や、両者［消極的平和および積極的平和］に関わる努力であ
ると解されるとするならば、人は次のように問うかもしれない。これはある種
の「穏健」な道、上に輪郭が示された２つのタイプの極端主義の間を注意深く
操縦することで、「客観」を装おうある種の試みを意味してはいないのだろう

か？　この方向への危険は間違いなくある。個人的そして構造的暴力の両者を回避する努力は、その1つまたは両方さえを受容してしまうことに容易に繋がり得る。もし選択肢が個人的暴力を手段に社会悪を是正するのか、あるいは何もしないのかであれば、後者は事実上、社会的不正義の背後にある権力を支持することになってしまう。逆に、個人的暴力の使用は、長期的な暴力の不在も、正義も、どちらも手に入れることはできないことを確かに意味しよう。

　あるいは、われわれは少し違った枠組みで考えてみよう。もしわれわれが、たとえば社会的不正義に関心をもち、しかし同時に個人的暴力の回避にも関心をもつとするならば、このことは、とりわけ多くの社会的・自由主義的な諸価値が実現された、言論や集会の自由、政治的利害を有効に表現し得る組織がある社会、そうしたある種の社会にだけ意味のある手段に選択の幅を狭めてしまうことにならないのだろうか？　一方、われわれは高度に抑圧的な社会において、あるいは自由主義を批判する現代の批評家が言うように、「よりあからさまに抑圧的な社会」において、文字通り動けなくされているのだ。ゆえに、構造的暴力に対する闘いにおいて、手段の選択が個人的暴力の不使用に制限されたならば、抑圧が潜伏的であれ顕在的であれ、高度に抑圧された社会において、われわれはなすすべなくとり残されてしまう。そうすると、この平和のためのレシピはどれほどの重要性をもつのだろうか。

　これに対してわれわれは多くの線に沿って回答を試みよう。

　1つの回答は次のようであろう。すなわち、平和に関して上に与えられた定義を拒否することである。われわれが「平和」を欲するのは、到達可能であり、現に到達している何かを語るためであり、個人的暴力の不在と社会的正義のどちらをもといったユートピア的な何かを語るためではないからである。われわれは「平和」の定義を、われわれの優先度がどこにあるかによって、個人的暴力の不在または構造的暴力の不在という方向に変更することができるのだ、と。上述した定義において、われわれは、これら2つは完全に対称的な形で定義に入ってくることを示唆した。その1つあるいは他の1つに、時間的・論理的・価値的な選好は全くない。社会的正義は個人的暴力の不在としての平和の装飾品として見られることはなく、また個人的暴力の不在が社会的正義の

装飾品と見られるのでもない。不幸なことに、印刷された頁上には、1つの事は他の事の先か上に現れ、これはしばしば優先度を示しているように解釈される（あるグループの政治的スローガンが「平和と自由」か「自由と平和」かのどちらであるべきかをめぐって行われた最近の論争と比較せよ）。実際、優先度といった意味合いを全く含まない印刷法を誰か発明すべきである。

このアプローチは、われわれが「平和」という語にともかくも魅せられ、他の言葉よりまさにその言葉にわれわれの目標の表現を託したい、ということを前提とする。しかし、もう1つの回答は、「平和」という言葉を放棄し、1つまたは両方の価値に対するわれわれの関心を単に述べるにとどめ、いわばその両方の次元に沿って、われわれとして最大限の努力を行うというものである。「平和」という語の使用は、一般的に流布しているから、このやり方ではあまり満足が得られないに違いない。あまりにも流布し一般的に知られているため、この世俗的な時代に、以前の時代には宗教的な概念によって呼び覚まされていた献身や、共同体の感情のある種の代替を提供し得るものとなっている。実際、多くの人々に「平和」は真に宗教的な響きをもっているため、その使用は今日、「平和」という言葉に普遍的な愛と兄弟意識を担うものとしての意味を与えている。ゆえに、意味論的な多くの混乱の可能性にもかかわらず、われわれは「平和」という語を保持する議論に与するのである。

第三の回答は、最初の2つを結合し、とりわけ赤面することの恐れから、平和についてはほとんど語らず、少なくとも大きな声では語らず、個人的暴力の不在および社会的正義のどちらか1つを放棄する、というものである。今日いくつかのサークルで見られるこうした態度は、正直さの点で、また偽善を免れようとしている点で賞賛されるであろう。「法律と秩序」遵守の人種差別社会・原始的資本制社会、そして抑圧的な革命後社会も、「平和」の実現を示すものではない。それらは2つの悪、直接的暴力または社会的不正義から1つを選択し、より小さな悪と思えるものを使ってより大きな悪を追放しようとする社会秩序を示しているにすぎない（おそらくは2つともが残ってしまう）。

そして、こうした文脈において好ましいとされる第四のアプローチがある。それは次のように表現される。

38

2　暴力・平和・平和研究

　両者の価値、両者の目標が重要であり、1つが他よりもより重要であると言おうとすることは、どんな抽象的な言い方であったとしても、おそらく人間を損なうものであろう。既述のように、個人的または構造的暴力による被害・損傷を較量するのは困難である。それらは両者ともに比較が無意味なほどの規模に達している。さらには、両方の悪の除去はきわめて困難であるほどに、しばしば両者は結合しているように見える。「悪魔」はベルゼブル（悪霊の頭）とともに追放されるのであろう。人間の歴史を通じてこれほど詳細に証言されている困難を見据えるとき、両者の目標の実現に失敗する人々に対し道徳的な判断をあまりに拙速に行うことには、われわれはきわめて慎重であるべきだ。その1つを実現することは何ら中庸の達成ではない。両者ともを実現できない多くの社会秩序や社会体制をわれわれが考えるとき、とりわけそうである。

　しかし、個人的暴力の不在および社会的正義の双方のために意味のある仕事はなし得ないとの見解は、ある種の知的・道徳的な敗北主義として、本質的に悲観論であると見なされるであろう。[34]第一に、今日では、両者を結合する高度に意味のある社会的行動の多くの可能な形態が存在している。われわれは、非暴力行動の領域における迅速な発展——当事者たちを引き離し、弱者の側が自分自身の自律性と主体性を達成し得る分離的な非暴力と、平等な非搾取的な協力関係が存在するとき、両者を結び合わせ得る結合的な非暴力との双方における——のことを考えている。[35]われわれは、対称的・平等的な組織の理論に関して知られているすべてのことを考えている。[36]われわれは、参加・非集権化・共同決定に関する垂直的発展の拡大しつつある理論を考えている。そして、われわれは、軍備管理および軍縮問題に関する種々アプローチを考えている——この文脈では、おそらくそれらは周辺的な重要性しかもたないにしても。[37]ここはこれらの主題を展開する場所ではない。それは別の文脈において行われるであろう。第二に、一旦2つの目標が提示されると、すなわち、平和研究は平和の2つの様相の両者共を促進させるための条件に関わるものであることが示されると、将来において、個人的暴力の不在と社会的不正義に対する闘いを結び付ける、より豊富な概念や社会的行動のより多くの形態がわれわれにもたらされることはないと信ずべき理由はあり得ない。もちろん、一旦十分な活動が研究

39

と行動に投入されるならば、である。[38] 1つのことのために他のことを犠牲にする人々が十分すぎるほどいるからである。両者ともを目標にすることによってこそ、平和研究は真の貢献を行うことができるのである。

注

＊本稿はもともと筆者が次の様々な会議で行った講義の改訂版である。Oslo Conference on the plan for a peacemaker's academy, organized jointly by the Peacemakers' Academy Committee, Vermont and the International Peace Research Institute, Oslo, 14-17 November 1968; at the peace research seminar organized by the Gandhian Institute of Studies, Varanasi, 8-9 March 1969; at the meeting of the Japan Peace Research Group Tokyo, 27 March1969; at a seminar organized by the Seminar for Peace and Conflict Research, Lund, 26 April 1969, and at the international seminar organized by the Centro Studi e Iniziative, Partinico, 3-4 May 1969. 私はこれらの会議の組織者、Randolph Major, Sugata Dasgupta, Hisako Ukita, Håkan Wiberg, Danilo Dolciの各氏、そして多くの参加者からのきわめて刺激的なコメントや批判に感謝する。とりわけ、Lund University（スウェーデン）のHerman Schmid氏が行った平和研究のいくつかの概念に対する明快で重要な批判（*Journal of Peace Research*, 1968, pp.217-232）に、特別の謝意を表したい。私は彼の批判と提案のどちらにも賛同できないし、私の見解を紹介する彼のやり方はミスリーディングであると感じているものの、この基礎的な分野においてこれほどまでに議論と再考を活性化した人はいない。本稿は彼の議論への体系的な回答ではないが、部分的に彼によって刺激され、暴力・平和・平和研究に関する筆者にとって実り多い考え方と思われるものを提示すべく努力したものである。

1） この点は『平和の理論』（*Theories of Peace*, forthcoming, Chapter1.1）においていっそう彫琢される［ガルトゥングはその時々において彼の理論の体系化の構想をつねに有していた。ここで述べられたものと「はしがき」で言及した最終的に達成されたものとは直接的には関連しない。しかし、内容的にはもちろん繋がりが認められよう］。

2） これはもちろん厳密には正しくない。それはファシストやナチの計画にはなかった。また現代の革命的思想の計画にもない。しかし、こうした場合においても、暴力は目的ではなく、千年王国や共産主義社会等々の未来秩序の実現を阻む障害を打破する手段なのである。これらの未来秩序には暴力が含まれているようには見えない。しかしこれは普遍的な人間の不変の原理では決してない。ヴァイキングのパラダイスは暴力的であるようだし、パターン人のような好戦的な人種・社会はおそらく暴力の不在を、よし計画の中に置くとしても、最後に置くであろう。

3） しかし、何人かが堅固なコンクリートの家に住み、その他の人は最初の揺れでくずれ

2 暴力・平和・平和研究

るようなバラック小屋に住むような社会秩序のもとで、地震により居住者に死者が出る場合はどうか？　言い換えれば、自然災害は不可避であっても、社会的影響における差別は回避可能かもしれない。このような差別的な標準的住宅政策に対して、「構造的暴力」という語を使用することは、確かにこうした事例によって正当化されるであろう。なぜなら、地震への曝され方の差別（西部シシリーの地震地帯におけるような）だけではなく、それが含意する差別的な健康標準、教育の可能性等々のために、である。「暴力」または「暗殺」といった形容語の使用を、このような社会的構造を維持している人々に、あるいは（全く同じではないが）こうした社会的構造のトップにいる人々に対して使用することが、正当化されるかどうかはまた別の問題である。

4）　潜在的レベルは入手可能な諸資源の利用と分配に依存するだけではなく、洞察にも依存するから、この描像における決定的な人物は、科学者あるいは誰であっても旧来のまたは新規の資源がいかに利用されるかに新たな洞察を開く人である。言い換えれば、従来は可能でなかったことを可能にする人は誰であれ、潜在的レベルを上げる。しかしまた、そのレベルは引き下げられるかもしれない。おそらくしばしばではないものの洞察が忘れられたり（歴史はこうした事例にも満ちている）、たとえば汚染、退蔵、乱開発等のために資源がより希少になるからである。要するにわれわれは、時間を通じる潜在的な現実化曲線に何ら仮定を設けないし、これに対応する達成された現実化曲線にも何ら仮定を設けない。とりわけ、われわれは次のような楽観的な過程は拒否する。すなわち、2つの曲線は単調に増大し、そのギャップは縮小し、「人間の潜在的能力が完全に実現されるまで」、現実と潜在の漸近的な収斂があるとするものである。これは現実の描写ではなく、通常は、下に横たわる仮定という形態をとった1つのイデオロギーである。バートランド・ラッセルが次のように書いている（『自伝』第3巻、p.221）。「私が若かったとき、ヴィクトリア朝の楽観主義が当然のこととして受容されていた。自由と繁栄が徐々に秩序ある仕方で世界に拡がると考えられていた。そして、ほとんど誰もが残虐・専制・不正義は不断に減少するであろうと期待した。ほとんど誰も大戦争の恐怖に悩まされることはなかった。ほとんど誰も19世紀を過去と未来の野蛮の間の束の間の幕間とは考えなかった。」要するに、われわれは仮定を設けず、2つの曲線間の乖離の原因に焦点を当てる。新しい洞察——それが技術的か社会的かにかかわらず——の適用と分配におけるラグ（遅れ）を容認しつつ。

5）　しかし、潜在的な寿命をどう定義するかは全く明らかではない。今日あるいは今年に死亡した一番長寿な人の年齢を使うことはできない。衛生学における可能な進歩も彼に影響を与えるには遅すぎ、彼はそこから利益を受けていない等々の理由からあまりに短命であるとも言えるし、彼は特別に遺伝学上の便益を受けていたから長命すぎたとも言えるからだ。しかし、すでに利用可能な洞察と諸資源から完全に利益を得ている社会秩序にある人々の平均寿命は、今日において可能な寿命を推定する少なくとも基礎とはなるだろう。

6）　「非暴力の意味について」（'On the Meaning of Nonviolence', *Journal of Peace Research*, 1965, pp.228-257, ［Essays II.14］）においては、暴力と非暴力、そして非暴力に関して積極的・消極的の区別を分析するのに影響の概念を基礎としている。本論文では、焦点は

41

非暴力の分類にではなく、暴力の分類に置かれている。

7） 同上、pp.230-234.

8） 上記引用文中。

9） これはHerbert Marcuseの『一次元的人間』(*One-Dimensional Man*, 1968)、特に第1部「一次元的社会」('One-Dimensional Society')に繰り返し現れるテーマである。

10） これは米国における暴力分析に繰り返し現れるテーマである。財産に対する暴力は訓練と見られる。手始めの粉々に砕けた窓ガラスはまた、自分自身の中のブルジョワ性への一撃であり、以前の制約からの解放であり、どちらの陣営にも新しい帰属意識を告知する伝達行動であり、そして何よりもゲームの暗黙のルールの拒否である。「彼らが財産に対してそんなことができるのなら、人に対して何ができるのか―。」

11） Herman Kahn氏は次のことを指摘した（1969年5月、PRIOでのセミナー）。中流階級の学生と下層階級の警官とは財産に対して著しく異なった関係をもっている。財産は、豊かな社会における中流階級の学生には何か取り換え可能なものであるのに対して、下層のアイルランド人の警官には手に入れるのが難しい。ある者にとっては相対的に何ら問題のない伝達行動であっても、他の者には神聖なものを冒涜する行為であり得る。とりわけ、学生は財産の足かせから拘束されない可動性や自由を希求するからである。

12） 「制度的暴力」という語が時に使われる。しかしわれわれは「構造的」を選好した。それは抽象的な性格を持っていて、ある特定の制度にまで追跡できるものではないからだ。ゆえに、警察がきわめて偏向しているとき、制度化された暴力という語は適当であろう。しかしこれはきわめて具体的な場合である。次節で展開されるように、警察制度を全くもたない、構造にビルト・インされた暴力があるに相違ない。

13） このことは明確にStockeley Carmichael氏の'Black Power' (*The Dialectics of Liberation*, David Cooper ed., Penguin, 1968, p.151) に表現されている。

　　　人種差別を議論するのにこの2つのタイプを区別することは重要である。個々人による人種差別と制度による人種差別である。第一のタイプは個々人によるあからさまな行為からなり、通常、被害者の死、あるいはトラウマを生じさせる暴力的な財産の破壊など、直接的な結果を伴うものである。このタイプはテレビカメラで記録することができ、しばしばその行為の過程を観察することができる。

　　　第二のタイプはあまりあからさまでなく、よりいっそう巧妙に行われ、その行為を実行した個々人に関して特定は困難である。第二のタイプは、社会において体制化され重視される諸力の全体的作用以上のものであり、ゆえに第一のタイプが受けるような糾弾を受けない。

　　彼の個々人的／制度的という区別は、われわれの個人的／構造的という区別と同じものである。しかしわれわれは「個人的」という語を選好する。なぜなら、個人は時にはグループを代表して行動するからである。一方、「個々人」は「グループ」とは正反対のものとして解釈される。しかし特にS.C.氏の議論の文脈において、集団的暴力はきわめて重要である。個々人による殺人に対比する意味での群衆によるリンチである。しかし、そのことは、その暴力を制度的なものとはしない。それは他の基準［個々人的］のすべてを満たしている。たとえば、「個々人のあからさまな行為」から成り立ち、テレビ

カメラに記録できる（戦場でのように）、等々である。

14）　しばしば指摘されているが、ここでの困難は通常、国際統計は平均を反映し分散を反映しないこと、分配において達成された平等化の度合いに関してではなく平均の達成度で国家を序列づけること、である。もちろん、1つの理由は、そうしたデータがすぐには手に入らないことである。しかしそれは、なぜそのデータが手に入らないかの問題を回避している。再びもう1つの理由は、おそらくそのデータは序列を転覆し、自分たちを世界の指導者と定義してきた社会秩序のより肯定的でない側面を暴くからである。しかしそれも十分な説明ではあり得ない。もう1つの説明は単に、おそらく問題が十分に明確な定義が行われていないか、分散の縮小が十分に可能とは考えられていないか、または本当に望ましいと考えられていないからであろう。このことが結晶のように十分に明らかになれば、それは国際統計の中にその表現を見出すことであろう。

15）　前注がここでの論点を強化してくれる。権力の分散を表現するいかなる計量が難しいばかりでなく、投票の権利といった純粋な形式的意味での場合を除いて、そもそも権力を十分に測定するのが難しい。この分野で本当に意味のある計量法をもって現れる人は、管理の事業だけではなく、政治的な闘争の透明化にも大きく寄与するであろう。

16）　再び同じことの繰り返しである。こうしたことの相関を公共のものとすることは、より拡大された認識へと大きく寄与するであろう。現在のイデオロギーはまさに、達成されたものと企図されたランクとの相関を、可能な限り低く、できればゼロに抑えようとしているからである。

17）　経済的制裁はここで興味深い中間の位置を占める。飢餓など、それは明らかに究極の結果としては暴力である。しかし、飢餓などになるずっと前までに、降服を受け入れるための十分な時間的余裕がある、との望みがある。同時に経済的制裁はまた、構造に明らかにビルト・インされている。もっとも脆弱な国々はまた一般的な国際的位階構造において最底辺の地位にある国々だからだ。貿易依存度は高く、商品の拡散は低く、貿易パートナーの拡散は低い。次の文献を見られたい。ヨハン・ガルトゥング「国際的な経済制裁の影響について──ローデシアの事例から」（'On the Effects of International Economic Sanctions, With Examples of the Case of Rhodesia', *World Politics*, 1967, pp.387-416 [Essays V.4]）。

18）　社会的正義で意味されるものの1つの表現は人権諸宣言において見られる。そこでは平等に関して多くの規範が述べられている。しかしながら、それらの規範は非常にしばしば構造的であるよりも個人的であるという欠陥をもつ。それらは個々人が、何ができ何を所有できるのかに言及するものの、個々人が、何ができ何を所有できるのかを誰がまたは何が決定するのかには言及しない。それらは資源の分配について言及するものの、資源の分配をめぐる権力には言及しない。言い換えれば、通常了解されている意味での人権は、パターナリズムときわめてよく両立し、権力保持者は分配をめぐる究極の権力を除いて、分配を意のままに行うから、それによって彼らは、権力構造におけるいかなる変化をともなうことなく、平等化を手に入れるのである。現在の反体制・反権威の反抗の多くはこのことに関わっているのを、ほとんど誰も見ようとしないのは苦痛でさえある。譲歩は十分ではなく、平等でさえ十分ではない。分配に関する決定がどのよ

うに合意され実行されているか、それが基本的なのである。しかし、こうしたことはやがてある種の人権に結晶し、哲学的・政治的な戦場のリストに間違いなく付加されることであろう。

19) 搾取はまた、本節でわれわれが実際に利用（exploit）したようなあいまいさをもっている。分配と不平等に関して自由主義的な解釈があり、権力——とりわけ他の者によって生産された剰余の利用をめぐる——に関してマルクス主義的な解釈がある。明らかに人は1つのタイプの搾取を他のタイプを排除して採用することができる。

20) Gandhian Institute of Studiesでのセミナーにおいて、Hans Rieger氏および他の参加者から、個人的・構造的暴力の両者に関して顕在 – 潜伏という区別を使うことの可能性を指摘していただいた。ここに記して感謝する。

21) これはガンディーと毛沢東が理論上は同意する点であろう。しかし、実践上は両者とも彼らの組織においてはあまりに傑出していたから、実質的な平等を語ることはあまり意味をもたなかったに相違ない。

22) 注13のCarmichael氏の分析を参照のこと。コミュニケーション構造の基本的な点は、もちろん個人的暴力はずっと容易に「テレビカメラに記録されうる」ということである。しかし厳密にはこれは正しくない。構造的暴力がなぜテレビカメラに登録されないかの内在的な理由はない。実際、真に有能な写真家はまさにこれを行うのに喜びを感じる。しかしニュースの概念はその傑出した提示に反している。その概念自体が構造的よりも個人的暴力に連動させられている。1つの分析として次の文献を参照されたい。とりわけ個人志向 – 構造志向のニュースの対比に注意のこと。「海外ニュースの構造」（Johan Galtung and Mari Holmboe Ruge, 'The Structure of Foreign News', *Journal of Peace Research*, 1965, pp.64-91, [Essays Ⅳ.4]）。

23) Herman Schmid氏の次の指摘はきわめて正しいように思える。すなわち、平和研究はある歴史的条件のもとで発生し、その基礎的な概念はその条件に染まっているというのだ。間違いなくこれは対称的紛争の強調のいくらかを説明する。さらに個人的暴力の強調も付加できよう。両者とも、戦争の記憶と戦争の脅威に起因する。とはいえ、北大西洋における主要な戦争の脅威は実体化せず、経済成長が持続し、しかし搾取は不変ないし増大した。だから「60年代（の終わりにかけて）焦点は変化する」。ある人々にとっては全く新しい焦点（Schmid氏およびその他の人たちが好んで議論する紛争創造研究、分極化および革命研究）へ、他の者（筆者の場合）は拡張された焦点（本稿で議論されているような）への変化である。

24) このように国家内および国家間において、富者と貧者の格差が全般的な増大によってもいかにほとんど影響を受けないかということは、信じ難いほどである。

25) これはヨハン・ガルトゥング「統合の構造的理論」（'A Structural Theory of Integration', *Journal of Peace Research*, 1968, pp.375-395, [Essays Ⅳ.11]）の一般的なテーマである。

26) これらの含意の1つは、もちろん彼の権力を増大させることである。彼は上のレベルからの情報を独占し、それを彼自身のレベルでの権力に変換する。もう1つの含意は、彼のいままでの準拠枠はずっとレベル（n − 1）でのものだったから、彼はより高いレベルで果たすべき仕事に訓練されていないかまたは不向きであることである。ある種の生

2 暴力・平和・平和研究

産部門の部長が突然全く新しい事業の大企業の役員になること、地域における同盟国の指導者が急に世界事情に直面し全く新しい準拠枠で考えるのを迫られること、などである。

27) すべての人間を平等にすることによってランクの差異を完全に否定する可能性をわれわれは論じていない。なぜなら、平等化の試みを巧みにすりぬける差異がつねに発生し、そうした差異が重要となることがおうおうにしてあるからだ。すべての市民に平等な投票権を与えよ、すると生活スタイルの差異が顕著になる。汽車における階級差別を廃止せよ、すると上層階級は飛行機で行く、等々。

28) このイメージをEldridge Cleaver著 *Soul on Ice* (London: Cape, 1969, p.92) は誰よりも良く表現している。

　　警察と軍隊は命令に従う。命令だ。命令は上から下に流れ落ちる。上の方で、閉じられた扉の裏側で、控えの間で、諸々の会議室で、小槌があちこちのテーブルで打ち鳴らされ、角枠の眼鏡をかけた太った保守派風に正装した男によって氷水が注がれるとき、銀のデカンターの鳴る音が聞こえ、髪を染め着飾ったアメリカ人の未亡人たちがいる、その空気はボブ・ホープ的ジョークの退屈なユーモアが浸透している。ここですべての重要な話し合い・判断・決定が行われるのだ。

　　男の灰色ウサギたちは、会議室から大急ぎで飛び出し、街中に決定事項を拡散する——「ニュース」として。命令を伝達することが仕事で、それが家賃を払うための仕方であり、子供を養うための仕方なのである。軍隊ではそれは義務であり、愛国心と呼ばれる。そうしないことは、反逆である。

29) 注11のKahn氏の分析を見られたい。そこで彼は次のような議論を付け加えた。拳骨での殴り合いはアイルランド人の警官には自然であるように、中流階級の学生には不自然である。そして、言葉による言い合いは学生には自然であるように、警官には不自然である。ゆえに、学生が財産を破壊し、警官に数多の暴言を吐くとき、学生は警官の忍耐限度を超えて彼に挑戦している。警官はといえば、彼らが知っている反作用すなわち暴力で応答する。一方、暴力という反作用には学生は習熟していない、と。こうした場合には、暴力の勃発に関して構造的な説明は不必要である。しかし、警察部門になぜこうした人たちがいるのかを問うことができよう。1つの説明は他にとって代わるのではなく、補足することができる。

30) このコインの比喩はもちろん、1つの面が他の面を排除するということを示すためではない。これまでに縷々指摘してきたように、与えられた社会的秩序は、両面を示す場合もあれば、片面しか示さないか、おそらくはどちらの面も示すことはないかもしれない。この比喩は平和の概念化に適用されるが、経験主義の世界には適用されない。

31) もちろん私は、これらの諸概念を提出するのに、変更を加えてきたことをはっきりと自覚している。そして、ここに提出した定式化にならって、新しい定式がこれに引き続くだろうことを確信している。「消極的平和」の概念は、かなり不変のままとどまるに違いない。それは「暴力の不在」を意味し、あの文脈において「暴力」概念に与えられた精密さ——すなわち「個人的暴力」の概念——によるものと私は考える。しかし「積極的平和」の概念は常に変化するであろう（医学における「積極的健康」の概念のように）。私

45

はこの概念を「統合」および「協力」という関連において考えて来た(「巻頭言」['An Editorial', JPR, 1964, pp.1-4])。しかし今は、これは紛争グループがもつあまりに統合された対称的な見方であることをHerman Schmid氏とともに全面的に認める。そうした見方は、おそらく、東西間の紛争あるいはその紛争に関連するある特定のイデオロギーを反映している。私は今、「積極的平和」を主として「社会的正義」と同一視したいと考えている。後者は本稿において二重の意味で捉えられている。しかし、社会的正義に包摂するのに、他の候補者にも門戸を開いておくことが必要であろう。というのは、暴力の定義は、他の方面をも指し示すほど十分に広義のものでなければならないと考えるからだ。これは『平和の理論』の1.3節である程度試みられた。さらに、Schmid氏の次の指摘(前掲)は基本的に正しいと私は考えている。「消極的平和」に焦点が当てられる傾向にあるのはコンセンサスが得られやすいからである、と彼はいう。こうした傾向を拒否する彼の考えを私も共有する。構造的暴力の微妙なメカニズムの仮面をはぎ、それを除去あるいは中立化する条件を探究することは少なくとも同様に重要である。しかし、優先の観点から暴力の2つのタイプを比較することは、少しばかり医学の探究がガンまたは心臓のどちらに集中すべきかといった議論のように思える。そして、以上に加えるに断固として強調すべきは、それ自身の基礎と定義とに完全に満足している学問は、死んだ学問であることである。基本的な討論または基本に関わる討論は、病気ではなく健康のしるしなのである。こうした争点は困難なものである。そして、それらを分析するいっそうの実践、それらと取り組むいっそうの修練を通じてこそわれわれは進歩するのである。

32) 『開発の理論』(*Theories of Development*, forthcoming)。

33) それが着手されてから10年間の一般的な平和研究において、他地域からよりも北西地域の体制からより多くの同意を得てきたことはほとんど疑いない。ガンの研究もそうであった。この事実から平和研究は第三世界そして革命勢力に対して無意味であるということにはならない。同じように歪んだ分布が、世界の資源の歪んだ分布および一般的な世界の封建的な構造に起因して、ほとんどどこにでも見られるからだ。だからSchmid氏が、平和研究を社会的な背景のもとに置いたことは正しい。「誰がそれを支払うのか」「平和研究者からの提言を誰が実行することができるのか」は基本的な問題である。私が唯一理解できないのは次の点である。なぜ、平和研究は、体制の手中にのみ落ちて、他の者の手中に落ちてはならないのか、いわんやその探求においてそれ自身の自律性を保持できないのか、それには何か内在的な理由があるのかという点である。このようにいう前提として、アカデミックな構造は、左であれ右であれ、権力保持者の手中にすべての研究を方向付けるのではなく、人間の自己実現を妨げるいかなる種類の暴力の背後にもあるメカニズムに対する洞察の探究に開かれた道を残しておく、ということがある。

34) 平和研究は価値の実現を促進するための努力であると、ここでは考えられている。こうした価値がある特定のグループの利益とどの程度合致するかしないかは別の事柄である。ゆえに平和研究は、そのグループが同じ価値を明言しない限り、1つのグループのイデオロギーと同一視することは決してできないのである。

35) このいくらかは「非暴力の意味について」で探究されている。そしてこの方向で無限に

2 暴力・平和・平和研究

多くのなすべきことが残っている。しかし重要なことは、なぜ、平和研究が対称的な紛争にのみ結び付けられるべきなのか、そして統合的あるいはわれわれの好む言い方では「結合的」——統合的はあまりにも強い語である——なアプローチに限られるべきなのか、その理由は何もないということであろう。構造的暴力を探究するいかなる努力も、能力においてきわめて不平等な当事者間の非対称的な紛争の認識に至るであろう。そして、オスロの国際平和研究所で行われているタイプの平和研究ではこれが無視されている、との言明は公平ではない。「トップドッグ－アンダードッグ」という語はなじみが薄く、マルクス主義の伝統とジャーゴンのもとで研究する者は憤慨さえするだろう。しかし、にもかかわらず、それは1つの探究である。より正確には、その努力は構造的暴力の「構造」をより良く理解しようとするものであった。その一端は本稿の3節に示されている。そして、治療がなぜ結合的な政策に限られねばならないかの内在的な理由はない。それとは正反対に、一般に、結合的な政策は平等な当事者同士、すなわち対称的紛争のためのものであり、一方、分極化そして分離的な政策は被搾取グループのためのずっと良い戦略だと私は感じている。これは非暴力の戦略の二重性にも反映されている。すべてのテーマのより完全な展開は『紛争の理論』(*Theories of Conflict*, forthcoming)を見られたい。Schmid氏が、平和研究は「潜伏的な紛争がいかに顕在化するのかを——そして現在の国際的なシステムがいかに深刻な挑戦を受け、崩壊さえしているかを……説明しなければならない」(前掲)というとき、彼自身が論難する平和研究の同じタイプの一面性を示しているように思える。ここで一面性とは、顕在的な紛争のみを制御し、統合をもたらし、国際的および超国家的制度に関わって意味のある問題群を形成することに関心をもつことだ。しかし、もし平和研究が、価値の促進ではなく、特定グループ——高低に関わりなく——の利益に奉仕することにのみ向けられるのであれば、この一面性は不可避的に結果する。脱統合・分極化・分離がつねに最良の戦略であると信じるのは、その逆を信じるのが難しいのと同じくらい難しい。

　しかしこのことは、Schmid氏の紛争学と密接に関連していよう(前掲、pp.224-228)。そこで彼は私が紛争の主観的な観念を持っているかに信じている。もし紛争の三角形が主張する何かがあるとすれば、それとはまさに正反対のものである。紛争の定義は、態度と行動とから、また紛争当事者による状況の認識からも独立している(彼らの相互の態度とも異なる)。私にとって紛争とは諸目的間の両立不可能性である。しかし、これらの目的がどのように形成されるのかは全く別の問題である。当事者に、彼らが追求している観念は何か、何が障害になっているのか——もし障害があるとすれば——を問うことは、1つのしかし唯1つのアプローチである。利益に関連させた定義に私は反対する何ものももたない。「目的」はそれをも包む十分に広い概念である。Schmid氏が率直かつ正直に認めているように(前掲、p.227)、困難は、「何が利益であるかを決定する」ことである。そして「これは利益の観点からの紛争概念を放棄する理由ではなく、むしろ挑戦なのである」という考えを私も共有する。しかし、利益の概念は公準化されなければならないのではないか。マルクスはかなりの程度までそれを行った。その含意は探究されなければならない。また、利益は価値の表現でもあると私は考える。しかし、そうした価値は必ずしもアクターによって保持されているのではなく、探究者によって保

47

持されているのでもない。ただ公準として立てられた価値である。ゆえに子供——自立的な人間として——の利益が、彼らの生物学的な両親の子供として、絆を受け入れることと相容れないと考えるのであれば、現在の家族システムには1つの不両立性が確かに存在することになる。両親には所有者としての利益があり、それは自分自身の所有者としての子供の利益とは両立し得ない。この例と、Schmid氏の主人‐奴隷の例との唯一の違いは、彼は過去の紛争のパラダイムを与えているのに対して、社会秩序の脱封建化への一般的な潮流の線にそって、私は未来の紛争——さらにいえば、もう間もなく顕現するだろう紛争——のパラダイムを考えていることだ。そして私は、分極化はそうした解決の1つの部分であることに関してSchmid氏と確かに同意見である。

36) この方向での努力として、ヨハン・ガルトゥング『ヨーロッパにおける協力』(*Cooperation in Europe*, Strasbourg: Council of Europe, 1968) を見られたい。

37) なぜそうなのかの回答は次の文献で試みた。「軍縮への2つのアプローチ：律法主義者と構造主義者」('Two Approaches to Disarmament: The Legalist and The Structuralist', *The Journal of Peace Research* 1967, pp.161-195. 〔Essays II.3〕)

38) もちろん、このすべてまたは大部分または多くが、その事のために、「平和研究」の旗のもとあるいは他のどんな旗のもとにも航海する必要はない。少しばかり全体主義的観念の持ち主が、そう感じる傾向があるというだけである。重要なことは、そのことが行われ、異なるアプローチ間でコンタクトがあり、それらや他のアプローチがイデオロギー的・制度的多元主義から利益を得ることである。

3　文化的暴力*

　本稿は「文化的暴力」(cultural violence) という概念を導入する。そしてこれ
は筆者が20年以上も前に導入した「構造的暴力」(structural violence) の概念
(Galtung, 1969) のフォローアップと見なすことができよう。「文化的暴力」とは
ここでは暴力の直接的または構造的形態を正当化するために利用される文化の
諸側面——それがいかなるものであれ——と定義される。文化にビルト・イン
された象徴的な暴力は、直接的暴力や構造にビルト・インされた暴力のように
は、人を殺したり傷つけたりすることはない。けれどもそれは、そのどちらか
または両方を正当化するために利用されるのである。たとえば、優秀民族
(*Herrenvolk*) の理論におけるように、である。暴力の三角形および暴力の層イ
メージを使って様々のタイプの因果の流れを追い、直接的・構造的・文化的暴
力の相互関係が探究される。宗教とイデオロギー、芸術と言語、経験科学と形
式科学など文化の分断を用いつつ、文化的暴力の事例が示される。そして文化
的暴力の理論がガンディー主義の２つの基本点、すなわち生命の一体性および
手段と目的の一体性の原則と関連付けられる。最後に、平和研究の重要な１つ
の焦点に文化を包摂することは、平和の探求の深化と見られるだけでなく、未
だ存在しない「文化学」(culturology) という一般的な学問分野への可能な貢献
と見られるであろう。

1　定　　義

　「文化的暴力」の概念によってわれわれは、直接的暴力または構造的暴力を
正当化あるいは合法化するために利用され得る、われわれの存在の象徴的領域
である宗教とイデオロギー、言語と芸術、経験科学と形式科学 (論理学・数学)
などの文化の諸側面を意味する。[1] 星・十字架・新月、国旗・国歌・軍隊行進、

あらゆるところで見られる指導者の肖像、扇動的な演説やポスターなどが頭に浮かぶ。しかし例示は第4節にまわし、概念分析から始めよう。

上述したように、それは「文化の諸側面」であって、文化全体ではない。「殺人は自己実現である！」と叫ぶ潜在的な殺人者を鼓舞する者は、英語はそうした思想の表現が可能な言語であることを証明しているかもしれないものの、このような英語そのものが暴力的であることを証明するものではない。文化の総体を暴力的と分類することはとうていできない。文化的暴力の例示として、「Ｃなる文化は暴力的である」といった文化的な画一性を示す表現より、「Ｃなる文化のＡなる側面が文化的暴力の１例である」といった表現がより好ましい所以である。

他方において、文化は、暴力の唯一つの側面だけではなく、すべての文化的領域にわたる広大にして多様な暴力の側面の１つの集合 {A} として想像され得るし、また遭遇され得る。ゆえに文化的暴力の各々の場合について語ることから、暴力的な文化について語ることへ歩を進めることが許されよう。そのためには体系的な一連の研究が必要となる。本稿はそうした過程の一部をなすものである。

１つの出発点は、その否定を探究することによって「文化的暴力」とは何かを明らかにすることである。もし暴力の反対が平和である——まさにそれが平和研究／平和学の主題にほかならない——としたなら、文化的暴力の反対は「文化的平和」であろう。これは直接的平和または構造的平和を正当化・合法化する文化の諸側面を意味する。１つの文化にそうした種類の広範な諸側面が見出されるのであれば、われわれはそれを「平和の文化」と呼ぶことができよう。平和研究の主要な仕事、そして一般的な平和運動は、そうした決して終わることのない平和の文化の探究となる。しかし、それは問題含みである。なぜなら、そうした文化を制度化しようとする誘因がそこから生まれ、そしてそれをあらゆるところで内面化しようとする望みとともに、義務的なものとなるからである。それは１つの文化の押し付けであり、すでに直接的暴力にほかならない。[2]

文化的暴力は、直接的・構造的暴力が正しい、あるいは少なくとも間違いで

はないと見させ、さらには感じさせるものである。ちょうど政治学が権力の行使および権力の行使の正当化という2つの問題に関わっているように、暴力研究は暴力の行使および暴力の行使の正当化という2つの問題に関わる。その心理的メカニズムは内面化ということであろう[3]。文化的暴力の研究は、直接的暴力の行動および構造的暴力の構造が正当化され、社会に受け入れられるようにする方法に焦点を当てる。文化的暴力が機能する1つの方法は、1つの行動の社会的色合いをレッド／誤から、グリーン／正あるいは少なくともイエロー／受容可能へと変えることである。例えば、「国による殺人は正しい、しかし個々人による殺人は誤りである」といったことである。もう1つの方法は現実を不透明化し、われわれに暴力的な行動や構造を見えなくさせるか、少なくとも暴力的と見させないことである。明らかにこれは、ある形態の暴力について他よりもより容易に行われる。たとえば人工流産 (*abortus provocatus*) である。ゆえに平和研究は、ちょうど健康学が病理学を必須とするのと同様に、暴力の分類を必須とするのである。

2　直接的・構造的暴力の分類

　私は暴力を、人間の基本的必要、より一般的には、生命に対する侵害である——ただし回避可能な——と考える。そのことによって、必要の充足の現実的レベルを潜在的に可能なレベルよりも低下させるのである。暴力の脅威もまた暴力である。直接的・構造的暴力の区別と、基本的必要の4つのクラスとを組み合わせると表1が得られる。世界の多くの場所での集中的な対話の成果として得ることのできた4つの必要とは、生存の必要（死および死すべき運命の否定）、福祉の必要（悲惨および病的性質の否定）、アイデンティティーすなわち生の意味の必要（疎外の否定）、および自由の必要（抑圧の否定）である (Galtung, 1980a)。

　結果は、暴力の8タイプといくつかのサブ・タイプであり、直接的暴力に関しては容易に同定できるものの、構造的暴力に関してはより複雑である（表1参照）。最初のコメントとしては、表1は人間中心的であることが指摘できよう。人間存在のための必須要件である（人間以外の）「その他自然」のために、最

51

表1　暴力の分類

	生存の必要	福祉の必要	アイデンティティーの必要	自由の必要
直接的暴力	殺戮	不完全 攻囲、制裁 悲惨	非社会化 再社会化 二級市民	抑圧 拘禁 追放
構造的暴力	搾取A	搾取B	侵入 細分化	周縁化 分裂

初に第5のコラムが付加され得る。環境システムの保全のために最も頻繁に人が目にするのは、おそらく「エコロジカル・バランス」という用語であろう。このことが満たされないならば、環境の退化、破壊、バランスの崩壊が結果するであろう。エコ・バランスは、基本的な人間の保全のために、生存＋福祉＋アイデンティティー＋自由に対応するものである。以上5つの合計が全体として「平和」を定義するであろう。これが満たされないならば、結果は人間の退化である。

　しかし、「エコ・バランス」はきわめて広い概念であり、非生物相および生物相を包含する。生命への侵害を意味する暴力は、生物相に焦点を当て、非生物相には間接に焦点を当てるのみである。さらに困難かつ重要な問題がある。「誰のためのバランスか」という問題である。人間が自分自身を再生産するためか？　経済活動のどのレベルにおける再生産なのか？　何回？　あるいは、「環境」——何と人間中心的な用語か——が、それ自体を再生産するためか？　すべての部分の再生産？　平等に？　どのレベルにおける？　何回？　あるいは、人間と環境の両方ともの再生産か？

　第2に、上表で使われた暴力を表す言葉のメガ・バージョンも考慮されねばならない。「殺戮」は、皆殺し・ホロコースト・ジェノサイドと読める。「悲惨」は、静かなホロコーストと読める。「疎外」（の様々な表現）は、精神の死と読める。「抑圧」は、グーラグ／*KZ*（強制労働収容所）と読める。「エコロジカルな退化」は、エコサイドと読める。これらすべてはオムニサイド（万物絶滅）と読める。過去50年において、ヒトラー・スターリン・レーガン[4]・日本の軍国主

義といった名前と密接に関わって、世界がこうしたすべてを経験しなかったならば、これらの言葉は誰かの黙示録的な仕業のようである。要するに、暴力研究は平和研究の不可欠な部分なのである。それは恐怖の収納箱である。しかし病理学と同じく、それは知られるべきそして理解されるべき現実を反映しているのだ。

　さらに上表そのものに関していくつかコメントしよう。暴力の最初のカテゴリーである殺戮は、十分に明瞭である。不完全にすることも同じである。これらを合わせると、それは「死傷者」——戦争の規模を評価するのに用いられる——を構成する。しかし「戦争」は通常、政府という少なくとも1つのアクターをともなう、組織された暴力の特殊な1形態にすぎない。平和を戦争の反対と見ること、ゆえに平和学を戦争回避の研究に制限することは、何と視野が狭いことか。さらには平和学を、（大国間または超大国間の戦争と定義される）大戦争または超大戦争の回避に、もっと言えばスーパー兵器の制限・廃棄・制御に限定することは、言わずもがなであろう。これでは種々の暴力間の重要な関連性がとり残されてしまう。とりわけ、暴力の1つのタイプの減少ないし制限が他のタイプの増大ないし維持という犠牲のもとに行われることが見失われてしまう。健康学における「副作用」と同じく、それはきわめて重要であるものの、容易に見過ごされてしまうのだ。平和研究はこうした誤りを避けなければならない。

　不完全にすることのもとに含まれるものは、攻囲／幽閉（古典的用語）や制裁（現代的用語）によってもたらされる、人間の必要に対する侵害である。これは、ある人々にとっては「非暴力」である。というのは直接的かつ迅速な殺人ではないからである。しかしながら、被害者にとっては、それは栄養悪化や医療不足を通じて、緩慢なしかし意図的な殺人を意味するであろう。

　因果の連鎖を長くすることにより、暴力に直接的に向き合わねばならないのを行為者は回避する。彼は「被害者にチャンスを与えよう」とさえする。通常は、降伏させるために。生命および四肢を得るかわりに自由およびアイデンティティーを失うのだ。後二者との引きかえに前二者を得るという取引をするのだ。しかしそのメカニズムは、攻囲・ボイコット・制裁によってもたらされ

る、生に対する脅威なのである。ガンディー・タイプの経済的ボイコットは、英国繊維の購買の拒否を商人のための基金の募集と結合させることであった。彼らの生活を脅かすことによって問題を混乱させないためであった。

　「疎外」のカテゴリーは、社会化という用語によって定義することができる。すなわち、文化の内面化である。ここには２つの側面がある。自分自身の文化からの脱社会化、および他の社会への再社会化である。たとえば、言語が禁止されたり強要されたりするように、である。これらは相互に前提しあうことはない。しかし、二級市民のカテゴリーの場合のように、それはしばしば同時にやって来る。被支配者グループ（必ずしも「少数者」ではない）が、少なくとも公共の場において、（自分の文化ではない）支配的文化による表現を強制されるのである。この問題はもちろん、子供の社会化の場合につねに起こる。家庭において、学校において、そして大きくは社会において、子供の社会化は強制——洗脳の一種である——され、子供に選択肢を与えないのである。ここからは、子供たちに、１文化のイディオム以上の選択肢を与えることによって、非暴力的な社会化の選択肢を子供に与えることが結論されよう。

　「抑圧」のカテゴリーも同様の二重の定義をもつ。歴史的・文化的制約をともないつつも、国際人権規約の「〜からの自由」と「〜への自由」とである[7]（Galtung, 1988a）。暴力の他のタイプに付随するものとして重要性をもつ２つのカテゴリーが明示的に追加された。人々をその中（監獄、強制収容所）に閉じ込めておく拘禁、および人々をその外（海外、国内の僻地）に隔離しておく追放とである。

　構造的暴力に関するカテゴリー・用語・言説を議論するためには、様々な側面がいかにして必要というカテゴリーに関連しているかを見るために、われわれは暴力的構造のイメージをもつ必要がある。暴力的構造のアーキタイプ（元型 architype）として、私見によれば、搾取がある。それは中心的な重要性をもっている。これは単に次のことを意味している（必要という流通語で測定している）。構造における相互作用において、「勝ち組」(topdog)がその他の「負け組」(underdog)より多く獲得するということである（Galtung, 1978, parts Ⅰ-Ⅲ）。ここには「不等価交換」がある。しかしこれは婉曲語法である。負け組は不利益を被るためついには死に至る（飢餓、病気による極度の衰弱）。これを搾取Ａと

54

呼ぼう。あるいは、悲惨という永久的なそして欲していない状態に彼らは置かれる。栄養不足や体調不良の状態で、これを搾取Bと呼ぼう。人々の死に方は異なる。第三世界においては、下痢、免疫不全などからである。「先進」諸国では、心臓 - 血管系統疾患、悪性腫瘍などからである。これらはすべて複雑な構造の中で起こり、高度に枝分かれした因果の連鎖とサイクルとの結果として起こるのである。

　暴力的な構造は、人間の身体だけではなく精神や魂にも痕跡を残す。次の4つの用語は、搾取の部分または構造を強める要素と見なすことができる。搾取に対する闘争の有効な2つの条件である、意識形成および行動化を妨げることによって、それらは機能するのである。侵入とは、負け組の中に勝ち組を言わば植え込むことである。このことは細分化と結びついて行われる。細分化は、負け組に、何が行われているかに関してごく部分的な視野しか与えないことによって行われる。こうして第一の仕事が行われる。そして周縁化とは、負け組を外部に置いておくことである。これは分裂と結びつき、負け組を相互にバラバラにさせるのである。こうして第二の仕事が行われる。しかし、これらの4つの要素は、それ自身の権利において、構造的暴力と見られなければならない。さらには、とりわけ構造的にビルト・インされた抑圧という一般的な主題の変奏と見られなければならない。要するに搾取と抑圧とは暴力として相補的に行われる。しかし、それらは同じものではない。

　自然に対する暴力はどうか。戦時における、伐採、火災などの直接的暴力がある。このような暴力の構造的形態は、知らぬ間に進行し、自然を意図的に破壊するのではないものの、自然破壊には違いない。現代の産業と関わって、汚染や枯渇があり、森林の荒廃、オゾンホール、地球温暖化などをもたらしている。何が起こっているのかと言えば、産業活動を通じる自然の転換であり、それは、非分解性の廃物を残し、非再生資源の枯渇をもたらしている。これは世界規模の商業化と結びつき、その帰結を加害者には見えなくしている。[8]経済成長によって正当化された、2つの実に強い力が働いている。「持続可能な経済成長」という仲間内の通用語は、文化的暴力のさらにもう1つの形であるのかも知れないのだ。

3　3つのタイプの暴力を関係付ける

　これらのコメントとともに、表1に与えられた種々のタイプによる拡張にお
いて「暴力」は定義される——直接的・構造的暴力を包括概念すなわち「スー
パータイプ」として用いることによって。「文化的暴力」は第3のスーパータイ
プとして付加され、1つのイメージとして、(悪の)暴力の三角形の1つの角に
置かれることができる。三角形がその「直接的」および「構造的暴力」の足の上
に置かれるとき、喚起されるイメージはその両者を正当化するものとしての文
化的暴力である。三角形がその「直接的暴力」を頭に置かれるとき、そのイ
メージは直接的暴力の構造的および文化的な源泉である。もちろん、三角形は
つねに三角形である。しかしそれが生み出すイメージは異なる。その6つの位
置（3つは下方に向い、3つは上方に向う）はそれぞれ異なる物語を喚起し、その
すべてが物語る価値がある。

　その対称性にもかかわらず、暴力の3つの概念の時間に対する関係は基本的
に異なる。直接的暴力はイベントである。構造的暴力はプロセスであり、浮き
沈みがある。文化的暴力は不変性 (invariance) すなわち「永続性」(permanence)
であり (Galtung, 1977, ch.9)、基本的文化の緩慢な転換を所与とすれば、長期に
わたって本質的に同一であり続ける。歴史におけるフランスのアナール学派の
便利な用語を使えば、「出来事 (événementielle)・状況 (conjoncturelle)・長期持
続 (la longue durée)」である。暴力の3つの形態は時間の中に違った形態で入っ
て来る。地震の理論と同じように、出来事としての地震、過程としてのプレー
ト・テクトニクスの運動、より永続的な状況としての断層である。

　このことは暴力の現象学において、暴力の層イメージ（三角形イメージと相補
的）に導く。それは種々の仮説を生み出すパラダイムとして有用である。最下
層には、時間に貫通する文化的暴力の恒常的な流れがある。それは他の2つの
暴力がそこから滋養分をとるサブ層である。次の層には、構造的暴力のリズム
が位置する。意識化が阻害される侵入と細分化、および搾取と抑圧に対する組
織化が阻害される分裂と周縁化という付随物をともないつつ、搾取の様々なパ

ターンが形成され、使い果たされ、解体される。そして最上層は、粗野な目とはだしの経験主義にも見える直接的暴力の層である。そこでは人が人に対して、および他の生命の形態と自然に対して直接的な残虐行為が行われるのである。

　一般的に、文化的から構造的を通って直接的暴力に向う因果的な流れが認められる。文化は説教し、教え、諭し、扇動し、われわれを鈍くし、搾取そして／または抑圧を正常かつ自然なものと見させるか、あるいはそれら（とりわけ搾取）を見させない。そして爆発が起こる。構造的な鉄の檻から脱出しようとして直接的暴力が行使される（Weber, 1971）。すると、檻を無傷にしておこうとする対抗暴力が起こる。通常の犯罪行為は、負け組が「脱出」し、富を再配分し、仕返しをし、復讐しようとすることから発生する（「ブルーカラーの罪」）。あるいは、誰かが残存し、勝ち組になり、構造からそれに値するものを吸い取ろうとすることから発生する（「ホワイトカラーの罪」）。直接的・構造的暴力の両者は必要の不足を生じさせる。このことが起こると、突然われわれはトラウマを語ることができるようになる。このことがグループや集団に起こると、集合的トラウマとなり、それは集合的下意識に凝固し、主要な歴史的プロセスそしてイベントの素材となる。その底にある仮定は簡単である。すなわち「暴力は暴力を生む」。暴力とは必要の略奪である。必要の略奪は深刻である。1つの反作用は直接的暴力である。しかし、それのみが唯一の反作用ではない。絶望の感覚があり得る。略奪された状態／不満足シンドロームは、内に向かっては自暴自棄として現れ、外に向かっては無関心や撤退として現れる。大量的な必要の略奪に対する反作用として、沸騰した暴力的な社会か、凍てついた無関心の社会化の選択に迫られるとき、勝ち組は後者を好む傾向がある。彼らは「トラブルやアナーキー」より「ガバナビリティー」を好む。彼らは「安定性」を愛しているのだ。実際、支配的エリートによって行われている文化的暴力の主要な形態は、ガラスの家に向かってではなく、鉄の檻から脱出しようと最初に石を投げた構造的暴力の被害者を、侵略者として責めることなのである。構造的暴力の範疇は、こうした文化的暴力の姿を明らかにするのである。

　けれども、暴力の層イメージは、暴力の三角形におけるただ1つの因果的関

連だけを定義するのではない。すべての6つの方向に関連と因果的流れがあり、3つの連結するサイクルはどの点からも出発できるのである。暴力の三角形が3層モデルよりも時にはより良いイメージを与えうることのこれは良い理由である。アフリカ人は捕らえられ、奴隷として働くために大西洋を渡ることを強制された。何百人ものアフリカ人はその過程で殺された——アフリカにおいて、船上にて、そしてアメリカにおいて。何世紀にもわたるこの大規模な直接的暴力は滴下し、大規模な構造的暴力として沈殿した。白人は主人としてトップドッグになり、人種差別の思想をともなう大規模な文化的暴力を生産し再生産した。かなりの時間の経過後、直接的暴力は忘れられ、奴隷制は忘れられ、そして単に2つのラベルが姿を見せた。学校教科書のための青ざめた言葉として。大規模な構造的暴力には「差別」が、大規模な文化的暴力には「偏見」という言葉があてられたのだ。言葉の公衆衛生は、それ自体が文化的暴力であるのだ。

　暴力の悪循環は構造的暴力の角からも開始されることができる。社会的分化は、増大する不等価交換をともないつつ、徐々に垂直的性格を帯びる。そして、このような社会的事実（social facts）は、その維持のために社会的行動（social acts）と、それらを正当化する文化的暴力とを探し求めるだろう。これは、「唯物論的」な（構造的、を意味する）マルクス理論の一般化である。あるいはまた悪循環は、結合した直接的・構造的暴力からも始まることが可能である。1つのグループが他のグループをあまりにも酷く扱い、彼らはその正当化の必要性を感じ、彼らに渡されるいかなる文化的理由付けをも、切望し受け入れるのである。千年以上も昔、北欧諸民族のヴァイキングは、ロシア人を攻撃・詐取・殺戮した。そのことは、ロシア人は危険で粗野で野蛮であるという思想の形成のための十分な理由となったに相違ない。このことは、いつの日か彼らは戻ってきて、われわれが彼らにしたことを彼らはわれわれにするであろう、ということを意味する。実際、1940年4月、ドイツがノルウェーを攻撃したとき、公式の結論は、ロシア人はいつかわれわれと同じことを行うから危険であるというものであった。ここには奇襲のトラウマがある。

　遺伝的に伝達された性向、あるいは少なくとも攻撃（直接的暴力）および支配

（構造的暴力）のための本来的性向をともなう、より深い層、人間の本質はあり得るのだろうか。直接的・構造的暴力を行う人間の潜在能力は確かにある——人間には直接的・構造的平和のための潜在能力があるように。しかしながら、私見によれば、食物やセックスを求める衝動に比較し得る、人間性における攻撃や支配を求める衝動を仮定する生物学的決定論に対抗する最も重要な議論は、攻撃性および支配性における高度な可変性である。われわれは、人々が（ほとんど）すべての外的状況のもとで食物やセックスを追い求めることを見出す。しかし、攻撃および支配は、構造的・文化的条件をも含め、コンテクストに依存する著しい変化を示す。あらゆる条件のもとで自己を強いることが十分に強くないため、もちろん衝動がそこにあるかもしれない。この場合、平和研究者の関心は、そうした状況を知ることであり、それらを取り除きまたは変形するための方法を探究することであろう。ここでの私の仮説は、「構造」や「文化」という２つの用語がこのような探究に不快をいだくことなくわれわれを順応させる、ということである。

　１つの重要な収穫をこの分類学的な練習から刈り取ろう。過程としての軍事化（militarization）の概念、そしてその過程に付随するイデオロギーとしてのミリタリズム（militarism）の概念の明確化にわれわれはその練習を用いることができる。明らかに１つの側面は、それが挑発されたものか否か、紛争を解決しようとするものか否かにかかわらず、実際のまたは危機にあおられた軍事的な行動という形における、直接的暴力への一般的な傾向である。この傾向はハードウェアーとソフトウェアーの適正な生産および配備を結果としてもたらす。しかし、軍事化を過去の軍事行動の記録、および現在の生産と配備のパターンからのみ研究することは表面的であろう[10]。このことは、人・予算・軍備管理に関する安易な結論に導くであろう。良い草刈りはその根元に至ることを想定する。この場合は、３層パラダイムに示されるように、構造的および文化的な根元である。具体的には、このことは軍事的行動、生産、配備の準備を再生産する構造的・文化的側面を認識することである。これには、学校の若い男子をモッブ化すること、長子相続制[11]、失業、および搾取一般が含まれる。さらには、経済の成長と分配を促進するための軍備の生産と配備、高度な国家的・人

種差別的・性差別的なイデオロギー等の利用である。高校や大学のカリキュラ[12)]ムや構造に軍事教育・演習を構築すること[13)]と、文化としてのミリタリズムを拡散することとの組み合わせは、特別な注意を必要とするであろう。しかしこうした構造と文化は通常、「軍備管理」研究には含まれていない。両者は高度に微妙な分野であるからだ。こうしたタブーは打破されねばならない。

4　文化的暴力の事例

いまやわれわれは、導入部で述べた文化の6つの局面、すなわち宗教とイデオロギー、言語と芸術、経験的および形式的科学に戻ることにしよう。そして、それぞれの曲目における1つないし2つの文化的暴力の例を与えることにしよう。このスキームのロジックは簡単である。文化的要素を取り出し、経験的にも潜在的にもそれがどのように直接的または文化的暴力を正当化するのに利用されるかを示す。

4-1　宗　　教

すべての宗教にはどこかに聖なるもの *'das Heilige'* があり、われわれはそれを「神」（god）と呼ぶ。基本的な区別は、われわれの外にある超越的な神（God）と、われわれの内にある（おそらくはすべての生命の内にある）神（god）との間につけることができる[14)]。およそ4000年前に作られた、トーラー（律法）に基づくユダヤ教においては、男神としての神（God）は地球という天体の外に住んでいる。これは破局的（catastrophic）な思想である。これは超越主義のメタファーの明らかなケースであり、ここからは多くの帰結が出てくる。それらは他のユダヤ的および西洋的な宗教、すなわちキリスト教およびイスラムによって取り入れられた。われわれの外に神（god）が神（God）として存在することにより、さらにわれわれの「上」に存在することにより（「天国にましますわれらの父なる神よ」）、不可避ではないにしても、ある人々は他の人々より神に近い、さらには「より高い」と見られるであろう。もっと言えば、善と悪のはっきりとした二元論をもつ、二分法だけではなくマニケイズムの西洋的伝統においては、対称

性の理論から、善なる神（God）に対して悪い悪魔（Satan）のようなものがなければならない。ここでも再び超越的そして内在的な表現が可能となる。神（God）と悪魔（Satan）が自分自身を所有するか、少なくとも選択するのだ。あるいは、神（god）または悪魔（satan）——神（god）そして悪魔（satan）は言うまでもなく——、すべての組み合わせが西洋のすべての宗教に関して見られる。しかしここでは、焦点はハード・バージョンに、すなわち超越的な神（God）および超越的な悪魔（Satan）の信仰に置かれるのである。

神（God）は誰を選ぶのか？　表2に示されているように、神は自分のイメージ一番近いものを選び、他の者を悪魔（Satan）に残しておくと仮定するのが合理的ではなかろうか。このことはわれわれに二重の二分法を与える。神、選ばれた者（神によって）、選ばれなかった者（神によって、悪魔によって選ばれた）、そして悪魔である。選民は救済と天国において神に近いことを目指す。非選民は、破壊と地獄において悪魔に近いことのためにある。しかしながら、天国と地獄は、死後の味見または適応のために、地上でも再生産されることが可能である。悲惨／奢侈は、地獄／天国のための練習と見ることができる。そして社会階級は、神の指と見ることができる。

われわれの内に住む神（god）の内在的概念は、こうしたいかなる二分法をも神に反するとする。しかし外在的な神（God）によって、こうした二分法は意味をもつようになる。表2の最初の3つの選びは、『創世記』に見える。最後の選びは、『新約聖書』に典型的であり、正しい行いだけではなく、正しい信仰に焦点を当てている。他の2つは、奴隷に関しては散在して、および「カエサルのものはカエサルに、神のものは神に返せ」に関して言及されている。神により近いと言及されている上層階級とは、実際には伝統的に聖職者・貴族・資本家の3階級である。聖職者は、神との伝達をいかに行うかに関する特別な洞察を有するという理由からである。貴族は、とりわけ「神の恩恵」（*rex gratia dei*）による。資本家は、もし成功したなら、である。下層階級および貧しい人々もまた選ばれ、天国に最初に入る者とされている（山上の垂訓）。これら6つの選びが一緒になってハードなユダヤ教・キリスト教・イスラムを構成している。それらはいくつかの立場を放棄することによって、よソフト化すること

表2　選民と非選民

神は選ぶ	悪魔に残す	結果として
人類	動物、植物、自然	種差別、エコサイド
男	女	性差別、魔女狩
彼の民族	その他の民族	ナショナリズム、帝国主義
白人	有色人種	人種差別、植民地主義
上層階級	下層階級	階級差別、搾取
真の信仰者	異教徒、無宗教者	能力主義、異端審問

ができ、より内在的な神（god）を採用することによって、よりソフトなユダヤ教、よりソフトなキリスト教、よりソフトなイスラムに転化することができる（スーフィズム、アッシジのフランチェスコ、スピノザ）。

　表2の右端の結果は、選民思想の神学以外からの前提からも導出できる。表は単に十分な諸要因のための一助をなすだけにすぎない。

　現代の事例として、パレスチナ人に関するイスラエルの施策を考えよう。選ばれた人々は、約束された土地 (Erets Yisrael) をさえもっている。彼らは期待されたように行動する。彼らは選民性、すなわち文化的暴力の悪意あるタイプを、直接的・構造的暴力の8タイプに翻訳する。殺戮が行われる。ヨルダン川西岸地区住民の生活の必要が拒否されることにより、人々は不完全にされ、物質的な手段が奪われる。イスラエルの神権政治の内部で、非ユダヤ人の二級市民化を内容とする脱社会化が行われる。拘禁や個人的放逐があり、大衆的放逐の永久的脅威がある。少なくとも搾取Bとしての搾取が存在する。

　搾取の4つの付随物は、よく展開されている。パレスチナ人を生まれながらの負け組と自分を思わせ、せいぜい「慣れる」ことによって二級市民に自分を仕向けるために注力すること、経済活動の小さな部分をしか彼らに与えないこと、グリーン・ライン［1949年の第1次中東戦争の停戦ライン］の内外において彼らをユダ人社会から外部に締め出すこと、そしてパレスチナ人を分割して統治せよ (divide et impera) 方式で扱い（キャンプ・ディビッドプロセスにおけるように）、決して1つのピープルとして扱わないこと、である。大量虐殺も大量搾取もここにはない。後者は、債務に苦しむ多くの第三世界の国々で見られる

3 文化的暴力

ものであり、とりわけ子供が犠牲になる。暴力が8タイプのレパートリーのすべてに一様に分布しているのだ。ヒトラー的またはスターリン的な虐殺、そしてレーガン的な搾取Aによって規定され、ゆえに低い位置からものを見る人にとっては、このことは、なんら大量の暴力を行っていないイスラエル人は何と人間的であることかの証明であるかのようだ。しかし、このような見方もまた文化的暴力の事例であり、今世紀において道徳的規範がどうなってしまったかを示すものにほかならない。[15]

4-2 イデオロギー

　世俗化を通じる超越的のみならず内在的な神の没落、そしておそらくはその死にともなって、われわれは、宗教の後継者を政治的イデオロギーという形の中に、神の後継者を近代国家という形の中に、見出すことになるだろう。宗教と神とは、死んだのには相違ない。しかし、はっきりとしたそして多量の価値を含んだ二分法（dichotomies）というはるかにより基本的な思想は、死ななかった。線はもはや、神、選民、非選民および悪魔の間には引かれなくなった。近代は神と悪魔を拒絶するにしても、選民と非選民との区別は要求する。われわれはそれを選ばれた者と選ばれざる者、すなわち「自己」（Self）と「他者」（Other）と呼ぼう。アーキタイプは、すなわち、神の後継者としての国家をともなうナショナリズムである。

　険しい傾斜が作られる。それによって「自己」の価値を高め、讃美しさえする一方、「他者」の価値を低め、堕落させさえする。この点に至れば、構造的暴力が機能し始める。それは予定どおりに成就させる予言となる傾向がある。人々は搾取されることによって堕落させられる。そして彼らが搾取されるのは、彼らは堕落し非人間化していると見られるからなのだ。「他者」が非人間化させられているだけでなく、成功裏に、「それ」（it）すなわち非人間に変えられるとき、舞台はあらゆるタイプの直接的暴力が生起する場となる。[16]そして、その直接的暴力の非難が被害者に浴びせられるのだ。このことは次に、（ヒトラーがユダヤ人に関して使った）「危険なそれ」「害虫」「細菌」、（スターリンが「クラーク」［ロシアの富農］に関して使った）「階級の敵」、（レーガンがカダフィーに関し

63

て使った)「狂暴な犬」、(ワシントンの専門家たちがテロリストに関して使った)「狂った犯罪者」といった範疇によって強化されるのだ。こうして絶滅が心理的に可能な義務となる。SS親衛隊が義務への献身で祝福すべき英雄となる。

　表2の6つの次元を使って、選民たちがいかなる超越的な神がなくても、選民であり続けるかをわれわれは容易に見てとることができる。人間だけが自己反省することが可能であるようだ。男は女よりも強い／論理的である。ある民族は、文明とその歴史的過程のキャリアーであるという意味において、他の民族よりも近代的である。白人は非白人よりも知性的／論理的である。近代の「機会均等」な社会では、最良の者がトップに立ち、ゆえに権力と特権が与えられている。そして、近代化・開発・進歩への信念が必然と見られている。それへの不信は、その信念に対してではなく、信念をもたない者に対して悪い影響があると見られている。

　西洋文化において、これらすべての思想はこれまでも強力であったし、いまもそうである。けれども、男・西洋人・白人に関する生得の優越感は、女、非西洋（西洋を凌駕する日本経済の成功など）、西洋社会の内部の有色人種によって、いまやひどく揺さぶられている。地上で最もキリスト教的な国である米国は、これらの闘争に米国内外において主要な戦場を提供してきた。ゆえに米国の文化的暴力を低減させることは、きわめて重要となる。なぜなら、米国は他国に対してまさにそのあり方のトーンを示す国であるからだ。

　これら3つの仮説——生得的なジェンダー、人種、民族という各々その理由をもった区別に基づいている——は、業績志向の社会では、維持することが困難である。しかし、もし社会が能力主義であるのなら、トップの権力や特権を否定することは、能力そのものを否定することになる。「現代的志向」の最小限でも否定することは、いかなる信念にもその場を開くことになり、実力者の権力や特権、人間の生命と他の形態の生命との厳密な区別を否定することになる。要するに、残余の選民意識が、神や悪魔の地位にかかわらず、しばらくの間は、「種差別」「階級差別」「能力差別」として残ることになる。

　ナショナリズムのイデオロギーは、選民の形姿に基づき、宗教またはイデオロギーを通じて正当化され、国家のイデオロギーすなわち国家主義（statism）

64

との連関のもとに見られるべきである。戦後日本の平和憲法における第9条——いくらかの文化的平和を作ろうとする短命の努力——は、「[日本]国家の交戦権は、これを認めない」ことを明文化した。明らかに日本は、その権利を喪失していた。しかし他国は、おそらく戦勝国は、その権利とともに無傷で、たぶん高揚して、戦争から退場したのだった。

あの交戦権はどこから来たのか。中世にその起源がある。「君主の最後の手段」(*Ultimo ratio regis*) を得るために「神の恩恵」(*rex gratia dei*) の大権からの直接の持越しである。そして国家は、ますます増大する陸海軍の高価な費用をまかなうための十分な租税を（1793年からは兵を）、君主がきびしく徴収（徴集）するための組織と見られるようになった。国家は軍を維持するために創造されたのであって、その逆ではない。しかし、生命の創造ではないにしても、生命を破壊する（死刑を執行する）権利を継承することにおいて、国家はまた神の継承者とも見られる。多くの人は国家について、妊娠した女にすぐる権威を行使し、生命の創造をコントロールする権利をもつものと見なしているのだ。

ナショナリズムを「自己‐他者」の険しい傾斜と、国家主義 (statism) を究極の権力を行使する権利と（義務さえと）結び合わせれば、われわれは民族国家 (nation-state) の醜悪なイデオロギーを得る。これはもう1つのカタストロフィックな思想である。戦争における殺戮は、いくらか民族的特徴を共有するすべての市民を包含する、民族の名において行われる。デモクラシーの新しいアイデアは、「人々の声」(*vox populi*) や「神の声」(*vox dei*) といった移行的な定式とともにもたらされる。死刑もまた「国家Xの人民」の名のもとに行われる。しかし戦争のように、それは国家の命令のもとに行われる。堕胎に反対する生命を大切に思う感情の大部分は、母親の決定に基づく堕胎が生命に対する国家の独占権を侵害するという感触におそらくは根差している。もし堕胎に反対する感情が本当に胎児の聖性 (*homo res sacra hominibus*) の感覚に根差しているのであれば、生命を大切に思う人々は平和主義者でもあるだろう。彼らは死刑に反対するであろう。そして米国や世界の他の国々において、黒人の死亡率が高いことに憤慨するであろう。もちろん、生命よりも選択に優先権を与えることは、胎児を「それ」(it) と見なし、人間としての胎児の生命の否定に基づ

く、文化的暴力のもう1つのタイプにほかならないのだ。[17]

　国民国家のイデオロギーを神学に基礎付けられた選民思想に結び付ければ、その複合体は、大惨事の舞台となる。イスラエル（ヤハウェ）、イラン（アッラー）、日本（アマテラスオオミカミ）、南アフリカ（オランダによって「変形」された神 [God]）、米国（ユダヤ・キリスト教的ヤハウェ・神 [God]）は、危機においては何でも起こり得る比較的に明らかなケースである。ナチ・ドイツ（ナチ [the Nazi] オーディン／ヴォータン‐神 [God]）は、同様のカテゴリーである。ゴルバチョフ下のソ連は（彼は、61年間の停滞の後、レーニンの後継者と自分を見なしている）、おそらくは選民としての使命のもとに苦闘している。この場合の選民とは、社会主義に入った最初の民族国家として、歴史（大文字のhで書かれたHistory）によって選ばれたという意味である。そしてフランスも同様の優越複合をもっている。ただし、選ばれるという思想はフランス以上の何かが存在することを示唆するから、それには耐え難い。ゆえに、「フランスは自分を自分で選んだのだ」（*un peuple élu, mais par lui-même*）。このアーキタイプはナポレオンの行動である。彼は1804年、ローマ教皇によって冠されることになっていた。しかし彼は、教皇の手から冠を取って、自分で冠したのであった。

4-3　言　　語

　ある種の言語——イタリア語、スペイン語、フランス語（そして現代英語）、しかしドイツ語やノルウェー語などゲルマン語系ではない——は、人間すべてに対するものとして男性の言葉を用いることによって女性の存在を見えなくさせている。非性的書法を求める重要な運動（Miller & Smith, 1988）は、文化的暴力から逃れる慎重に企図された文化的転換である。何人かの勇敢な女たちが始めたとき、その仕事は不可能と見えたに相違ない。

　暴力がもっと見え難く、より陰伏している言語のより微妙な側面がある。インド・ヨーロッパ語族の諸言語の基本的特徴と、日本語および中国語との比較（Galtung & Nishimura, 1983）が、インド・ヨーロッパ語族諸言語によって負荷されている、空間および時間のある種の厳格性を明るみに出した。これに対応する、論理的な構造における厳密性は、妥当な推論への到達可能性に強い焦点を

当てることによって得られる（ここから西洋が「論理的」であるとの自負が生まれる）。また、本質と現象を言語学的に区別する傾向があり、そのことが、本質の不朽性の余地を残し、現象にすぎないとしてそれを破壊することの正当性を含意することともなる。けれども、これは深層文化のことであり、暴力の三角形における底辺の階層のより深い層に関わることであるゆえ、直接的・構造的暴力との関連はより希薄になる。

4-4 芸　　術

　1点だけ指摘しておこう。1967年の欧州共同体 (EC) の後継としての現在の欧州連合 (EU) の出現にとって重要であるから (Galtung, 1989c, ch.2)。ヨーロッパは自分自身をどう理解しているのか？　ギリシャ神話の「エウロペー」に結びついた物語はあまり有用でない。非ヨーロッパ的環境の否定としてのヨーロッパ理解がわれわれをずっと遠くまで導いてくれる。中世から近代への移行期におけるそうした環境とは、東方および南方に拡がるあの巨大なオスマン帝国であった。それは、ウィーンの市壁に達し (1683年)、シリアとエジプトを征服し (1517年)、その後、トリポリタニア、チュニジア、アルジェリアを属領としたが、スペイン・ハプスブルク家の小さな包領とともに（その2つはまだそこにある）、スルタンのフェズおよびモロッコのみが残された。唯一の非「オリエント」（アラブ、ムスリムを意味する）は、貧困かつ空間的・時間的に広大なロシアであった。それは眠れる国であったものの、巨大であった (Larsen, 1988, pp.21, 23)。

　このようにしてヨーロッパは、南方および南東方面に拡がる敵の否定として自己を理解しなければならなかった。こうして「東方（オリエント）の専制」なるメタファーが展開され、それは依然としてヨーロッパ精神が「環境」を把握するのに顕著なものとなっている。典型的な「東方の専制君主」は、冷淡および専断を兼ね備える。彼が殺害したヨーロッパの君主のように。しかし彼は、法ではなく、自分の気まぐれによって支配する。性的には彼はハーレムを楽しむ。彼のヨーロッパの仲間は、せいぜい田舎娘に夜陰に乗じて暴行を加えることしかできない。ムスリムはまた一夫一婦制にしばられない。フランスにおい

て19世紀に現れた絵画の一派は、性そして／または暴力を背景に東方の専制を表現したのである。アンリ・ルニョーの「裁判なき処刑」、そしてウジェーヌ・ドラクロワの「サルダナパールの死」はその好例である。ヘーゲルもまた、東方的専制そして東方的（アジア的）生産様式を否定的・単調的・停滞的に見た。マルクスもそうした見方を模倣した。

　ヨーロッパ周辺のセミサークルの非アラブ的部分をなしたロシアも、東洋的専制として見られなければならなかった。そうした「専制」が叙述としてツァー体制に適合し得たことは、反駁し難いであろう。しかし、果して「東洋的」か？　ともあれ、そうした描像はおそらく、何世紀にもわたってロシアおよびソ連に関するヨーロッパ的イメージに影響したであろう。そして現在もそうである。もちろん、過去も現在も、意図的に不明瞭な言い方が行われている。

4-5　経験科学

　文化的暴力の１つの例は、経済的行動の科学と自称する新古典派経済学のドクトリンであろう。アダム・スミスの伝統に強く影響され、新古典派経済学はそれ自身のドクトリンによって処方されたシステムを今や経験的に研究し、しばしば経験的な現実に確認される自己充足的な予言を見出す。新古典派的なドグマあるいは「通念」（conventional wisdom）の一部は、「比較優位」に基礎付けられた貿易理論である。もともとそれはデイヴィド・リカードゥにより定式化され、ヘクシャー＝オリーンおよびティンバーゲンによって発展させられた。このドクトリンは、どの国もその国が生産要素に関して比較優位を有する生産物によって世界市場に入るべきことを処方する。

　実践的にはこのことは、天然資源や非熟練労働に豊かに恵まれた国は天然資源を採取すべきであり、他方、資本と技術、熟練労働と科学者に豊かに恵まれた国は天然資源を加工すべきだということを意味する。こうしてポルトガルは繊維産業をあきらめ、月並みなワイン製造者になり、イングランドは刺激すなわち自身の工業力をいっそう発展させるチャレンジを得るのである。こうしたドクトリンの結果は、今日における世界の垂直的な分業という形で大部分の人々が見るところのものである。こうして、国家間においても、国内において

68

も、構造的暴力がいたるところに存在するのだ (Galtung, 1977, 1988b)。

こうして比較優位のドクトリンは、各国がその輸出生産物に与える加工の度合いに関して、世界におけるおおよその労働の分割 (分業) を正当化する機能を果しているのである。これは生産過程において各国が受け取るチャレンジの量にほぼ比例するから、比較優位の原理は、地理的および歴史的な理由から、生産要素のプロフィールが各国に負わせている現状の維持を宣告しているのだ。もちろん、法的であれ経験的であれ、各国の生産プロフィールを改善させるために国が行うべきことは何もない、といった法則は存在しない。日本の経済学者の赤松要はこの基本点を指摘した[18]。しかしそのような改善は容易ではない。天然資源／商品の所有者にとっては、現状維持による直接的な利得があるからだ。こうして比較優位の「法則」は、構造的に耐え難い現状を正当化する。要するにこの「法則」は、一片の文化的暴力であって、経済学のまさにコアに埋め込まれているのである。

4-6 形式科学

しかし、こうしたことは数学に関しては確実にはいえないのではないか？ところが、それほど明らかではない。もし数学が1つの基本的なルール——定理Tとその否定—Tとが同時に正しいことはあり得ない——をもつ形式的なゲームであると見られるのであれば、その帰結は暴力的なものとなり得るのだ。数学の論理が多価的な論理を追求するにしても、用いられる論理は、妥当と非妥当との間に厳密な線を引く二価的な論理である (排中律 *tertium non datur*)。そして、それはそうしたものでなければならぬことは、容易に見てとれる。推論が数学的構造物のモルタルであるからだ。それ (推論) は、*modus ponens* [もしpは真であり、p→qであるとすると、qは真である]、および *modus tollens* [もしqは偽であり、p→qであるとすると、pもまた偽である] とを鍵となる手続きとしている (Galtung, 1988c, ch.4, esp.section4.4)。

このことは、個人的・社会的・世界的な空間において、数学は白／黒的思考および分極化ときわめて良く適合する1つの特殊な思考法にわれわれを訓練することを意味する。数学的思考の「どちらかを」的性格は、数学をきわめて興

味深く活気に満ちたものにする。しかし、高度に弁証法的な人間的・社会的・世界的現実のモデルとしては、それは全く十分ではない。そして、もし文化がわれわれをより暴力的でない可能な世界に導くものであるとするなら、「十分性」(adequatio) が文化すなわ象徴的世界の基本的な要求となるのである。

4-7 コスモロジー

われわれは、文化的暴力から暴力的文化の問題に戻ることにしよう。1節で述べたように、こうしたグローバルな判断は、宗教やイデオロギー的思考、言語や芸術、経験的・形式的科学における広範囲なそして多様な文化の諸側面を識別することによって得ることができる。それらすべては暴力の正当化に奉仕するのである。さらに、もう1つのアプローチがあるのだ。いくつか存在するに相違ない深層文化を求めて、文化の下部階層の探究である。[19] われわれはルーツのルーツ、いわば、文化的要素を生み、それを通じてそれ自身を再生産する、文化の発生学的コードを探究するのである。これはきわめて投機的な探究にならざるを得ないものの、それほど問題含みではない。より深い階層を仮定し、その含意を引き出し、縁をめぐる理論のハードコアを検証することは科学の本質に属するからである。

コスモロジーの概念は、現実に関するより深い仮説である下部階層を取り入れるために構想されたものであり、何が正常かつ自然かを定義するものである。集合的下意識のこの深層レベルでの仮説は容易には見つからないし、掘り[20]起こすことはいっそう困難であろう。しかし、西洋の文化が示す多くの暴力的な諸相はこのレベルにおけるものであり、このゆえに、文化が全体として暴力的に見え始めるのである。選民意識があり、中心-周縁の強い傾斜がある。緊急を要する「今や、世の終わりが来た」シンドロームがあり、緩やかなそして辛抱強い構造的・直接的平和の構築・立法化をあらかじめ排除するのである。演繹的連鎖をともなう原子論的、二元論的思考が、手段と目標の一体化とは正反対の方向に働く。自然に対する尊大さが、生命の一体化とは正反対の方向に働く。人間を個人化し、位階付けする強い傾向が、人間の一体化をバラバラにする。そして、恐ろしい継承者をともなう超越的かつ絶対的な神が存在する。

3 文化的暴力

文化全体が暴力の巨大な潜在力を所有し、それはより明白な文化のレベルで表現され、正当化不可能なものを正当化するのに利用されるのである。西洋において平和もあるということ、そしてそのことが時には西洋に発してさえいるということは、およそ奇蹟的であり、おそらくそれはよりソフトな層によるのであろう。

　問題は、このタイプの思考が容易に絶望の感覚につながることである。文化の発生学的コードを変えることは、少なくとも生物の発生学的コードを変えることと同じに見えるのである。さらに言えば、もし変更が可能だとしても、遺伝学的エンジニアリングが示すように、文化的エンジニアリングも同様に暴力的なものとなろう。「偶然」に任されたなら、つまりは権力と特権を有する者に任されたなら、一体何が起こるのか？[21]　将来の平和研究にとってこれは困難かつ重要な課題である。

5　ガンディーと文化的暴力

　直接的および構造的暴力の両者に対するオルタナティブを探究するのに開いた心を有していたガンディー自身は、こうした狡猾な問題に関して何か言うべきことがあっただろうか。彼の回答は、彼のエキュメニズムから、ある意味においてガンディーズムを要約する2つの公理を再生産することであった。すなわち、生の一体性および手段と目標の一体性である。もし生、とりわけ人間の生は、目標のための手段にはなり得ないということが仮定されるなら、第一の公理は第二の公理に従うであろう。もし目標が生そのものであるのであれば、手段は生を向上させるものでなければならない。ところで、われわれは一体性ということをどう理解すればいいのか。合理的な1つの解釈は、前節で展開されたアイデアを使えば、疎遠に対して親密性に関わるものであろう。

　われわれの精神的宇宙においては、生とりわけ人間の生のあらゆる形態は、親密であることを享受すべきであり、社会空間にくさびを打ち込む「自己」−「他者」の険しい傾斜によってバラバラにされてはならないのである。たとえば、「選民」として神に召されているといった文化の固い核からとられた

いかなる正当化も、それがよりいっそう高くて固い公理と両立し得ないならば、排除されるであろう。

　手段と目標の一体化は、相互に近い関係にある諸要素、すなわち行動（acts）と、行動にともなう事実（facts）とをもたらす。それらの要素は、社会的時間にくさびを打ち込む長い因果的連鎖によって切り離されてはならない。離陸または革命、すなわち産業への投資または工業プロレタリアートの創出によって、長い社会的継続を立ち上げることは、十分に良いとはいえない。手段はそれ自身において良くなければならない。それは、道のずっと向こうにある遠い目標という関連においてではない。このことは、「成長／資本主義」や「革命／社会主義」という名のもとにおける、産業という代替策の何百万人もの犠牲者によって証言されてきた。「うまく行く」という経験的確信から引き出された正当化は、それがより高いそして「より強固」でさえあるこの定理と矛盾するとき、排除されるのである。

　「自己－他者」のいかなる傾斜であっても、価値のスケールでずっと下位の者に対する暴力の正当化に利用され得る。どのような因果的連鎖であっても、非暴力的な目標を達成するのに、暴力的な手段をもち得ることを正当化できる。ガンディーは、1または2世代を明後日の想定された至福のために犠牲にする、革命とその困難な仕事のマルクス的思想に懐疑的であったに相違ない。それは、1または2つの社会的階級を今日の上層階級の至福のために犠牲にする、困難な仕事と企業家精神との自由主義的／保守的な思想に懐疑的であったであろうことと同じである。

　ガンディーによってこれら2つの公理から引き出された結論は、すべての生命の聖性への畏敬であり（ここから菜食主義がとられた）、「手段を大切にしなさい、そうすれば目標は自らを大切にするでしょう」との教訓の受容であった。こうして生命の一体性の教義は、「エコロジカル・バランス」の教義と非常に異なったものになる。というのは、それは単に人間の生命だけではなく、すべての生命を高めることを、ある宗教またはイデオロギーによって選ばれた（ガンディーにとっては、歪められ誤解された）カテゴリーではなく、すべての人間を高めることを意味するからである。そして手段と目的の一体性の教義は、動力の

起因と想定される1つの大きなステップの通時性ではなく、同時性の教義に、すなわちすべての論点に関わる仕事を同時に行うことに導くであろう[22]。そのアーキタイプは次のようである。あるものに他よりも多くの焦点を当てるキリスト教のピラミッドではなく、思考・発話・行動の各要素が傾向として同じレベルの優先度にある仏教の車輪である（つまり信仰と行動との関係である）（Galtung, 1988, ch.1.1, esp.pp.25f）。

6 結 論

　暴力は、直接的・構造的・文化的暴力の三角形のどの角からも発生し得、他の角に容易に伝搬可能である。暴力的な構造が制度化され、暴力的な文化が内面化されるとともに、直接的暴力もまた制度化される傾向にある——繰り返され、儀式化される復讐のように。暴力の三角形の行動様式は精神の中で、平和の三角形の行動様式と対比されるであろう。そこでは文化的平和が、多様な相手との間で共生的・衡平的関係をともなう構造的平和、および協力・友情・愛の行動をともなう直接的平和を生じさせるのである。平和の三角形は悪循環ではなく好循環であることが可能であって、相互に補強さえしあう。この好循環は、3つの角に同時に働きかけることによって得られるものであり、1つの角の基本的な変化が他の2つの角において自動的に変化をもたらすとは想定されない。

　ところでこうした文化の包摂が、平和学のアジェンダをかなり拡げてしまうのではないだろうか。もちろんそうだ。平和の研究が、たとえば健康学（医学）よりなぜより狭くなければならないのか。平和は健康よりもより容易なのか。より複雑ではないだろうか。さらに、生物学すなわち生命の研究はどうか。物理学すなわち物質の研究はどうか。化学すなわち物質の組成の研究はどうか。数学すなわち抽象的な形の研究はどうか。これらすべての領域はかなり広いものだ。平和研究はなぜより控え目でなければならないのか。

　暴力および平和に文化が関係しているのであれば——そしてそれは確かにそうだ——、直接的・構造的暴力の多くの側面に捧げられた無数の研究のよう

に、洞察力のある粘り強い探究から文化を排除できるのは独断的な精神だけであろう。唯一つ新しいことは、人文学、思想史、哲学、神学などに新しい領域を開くということである。換言すれば、新しい学問分野を、平和の探求に、すなわちその分野の既存の研究者を少しばかりの編成替えに招待するのである。

そしておそらく平和学は、アカデミックな研究の殿堂に明らかに欠けている、重要な科学的事業の土台を築くのにいくらかの貢献ができよう。すなわち、人間文化の科学、「文化学」(culturology)である。今日、そうした分野は、「高い」文化に対しては「人文学」、「低い」文化に対しては文化人類学に分割されている。そして哲学、思想史、神学等の断片が、その隙間を埋めている。「文化的暴力」の概念はそのすべてにわたるものである——ちょうど「構造的暴力」の概念が社会科学のすべての範囲にわたるように。平和研究は多くの学ぶべきものがあり、取るべきまた受け取るべき多くのものがある。おそらくわれわれは、多様性・共生・衡平の精神において、やがていくらかの貢献ができることだろう。

＊本稿は、次の様々な場所で行われたレクチャーの報告である。At the University of Melbourne, Peace Studies Group, March 1989; at the Summer Schools in Peace Studies at the University of Oslo and the University of Hawaii, July 1989; and at the International Peace Research Institute, Oslo, August 1989. 私はこれらすべての場所での討論者たちに多くを負っている。

注

1) こうして「文化的暴力」は、このジャーナルで20年以上前に導入された「構造的暴力」の概念の足跡をフォローするものである。最近の非常に建設的な批判およびこの概念の一層の展開を企図する努力についてはRoth (1988) を見られたい。同様の概念はSaner (1982) においても紹介されている。

2) 「新しい人」（そして女？）を創造しようとする多くの努力が行われてきた。西洋においては、キリスト教の新しい枝はこうした努力である。ヒューマニズムもそうだし、ソーシャリズムもそうだ。しかし他の人々に１つの文化——それがいかなる文化であれ——を教え込もうとするのは、それ自身が直接的暴力の行為である（アクターにより意図されているから）。このことは通常、１つの文化からの脱社会化、そしてもう１つの文化への再社会化が行われることである。これには、若年の（無防備な）子供に対する

3 文化的暴力

最初の社会化も含まれる。ところで、文化が人間にとっての不可欠な条件 (*conditio sine qua non*) であり、われわれは何もなしでこの世に生まれ (ただ生得の資質のみをもって)、しかも教え込むことは暴力であるとするならば、われわれは教育の基本的な問題に向き合うことになる。動詞 'educate' は他動詞なのか自動詞なのか？　もちろん両方であり、どちらの解釈も可能である。社会化を含む平和的教育 (peaceful education) には、以下で議論されるように、おそらく多文化へのエクスポージャーそして対話が含意されている。キリスト教もヒューマニズムもこの点で良いとは言えない。実際、われわれはそれをいかに行うかを未だ知らないのである。ここで注意されるべきは、誰かに文化を押し付けるのは、それが直接的にまたは構造的に行われるのであれ、ここでいう文化的暴力の概念が意味するものではない、ということだ。そうした押し付けを正当化するような文化の諸側面、たとえば、なぜならその文化は「より高度（一神論的、現代的、科学的等）である」から、といった正当化は、その文化にビルト・インされている暴力であり、すなわち文化的暴力であるのだ。「暴力の経験的または潜在的正当化」が文化的暴力への鍵なのである。

3）　われわれは概略的に、支配のメカニズムを、内面的と外面的、積極的と消極的とに区別してみよう。内面的について積極的と消極的とを、良い意識および悪い意識にそれぞれ同定するのである。同様に外面的について、積極的な外面性を報酬、消極的な外面性を懲罰に同定する。「内面化」とは、個人システムに深く根差した意識であり、「制度化」とは社会システムに深く根差した懲罰／報酬である。両者とも、行動が「自然に」「正常に」「自発的に」発現させるように働く。この初歩的な社会科学の1片は、文化的・構造的暴力を一般的な社会科学構築の中心に位置させるであろう。

4）　3つのシステム（単にヒトラーリズムやスターリニズムではなく、いま「グラスノスチ」のもとで周知のリビジョニズムも含めて）の比較については、Galtung (1984) を見られたい。

5）　神道の選民意識のテーマをめぐって［他の宗教との］強い類似性が見られる。こうしたことの分析については、Ienaga (1978) を見られたい。とりわけ、八紘一宇の観念（世界の八角を1つの家とすること）についてはp.154を参照のこと。

6）　すべての「副作用」を入口の段階のところで投げ捨てる安易なアプローチは、概念的、理論的、実践的に、それを浄化しておかねばならないことを要求する。経済学はこうしたことを行う傾向がある。

7）　1948年の世界人権宣言、1966年の2つの国際規約および選択議定書からなるドキュメント。この文書は、それにふさわしい立ち位置をまだ獲得していない。理由としてはとりわけ、米国が契約条項を未だ批准していないことがある。

8）　ゆえに環境の退化は、脱工業化および脱商業化によって阻止されねばならない。この主要なグローバルな問題に対して、つぎはぎ細工のアプローチのような、1つのタイプの汚染または枯渇を別のタイプに置き換えることによってではなく。

9）　こんなにも小国と大国間の北方のあの国境が、いかに平和であったかはむしろほとんど信じがたいほどである。ある人々からは、「権力の真空」をうめることが熱心に思慮されていた。

75

10) もちろんこれは、ストックホルム国際平和研究所の*SIPRI*年鑑その他の公刊物によって採用された一般的なアプローチである。表面的なレベルにおいては非常に有用な文献である。けれども、想像されるべきそして実行されるべき本当の対抗手段にとっては、それがいかなるものであれ、十分に理解を深めてくれるといったものではない。

11) これらの要素は日本の侵略性を説明するものとして非常にしばしば重要とされる。たとえば、Benedict (1972)、Ienaga (1978) はこれらの要素を引用している。

12) 路面電車が東京の皇居を通り過ぎるとき、乗客は立ち上がり、天皇に向ってお辞儀をするのを常としていた。そして神道の靖国神社は、いまもなお日本における国家のそして国家主義の主要な中心であり続けている。1989年7月23日の自由民主党の敗北後、新しい海部首相は、1945年8月15日の降伏を記念する終戦記念日に靖国神社に参拝しなかった。左の方からより風が吹いていることを彼はよく知っていたからである。

13) 米国の予備将校訓練部隊（Reserve Officers Training Corps: ROTC）に関して、ミリタリーと大学とのこのように深い一体化のこれほど明らかな例を私は他で見たことはない。そこでは、ミリタリーが学生を奨学金で買い、教室を軍関連の情報で満たしていた。

14) 同等の重要性をもつ神学上のもう1つの区別は、われわれは原罪（original sin）とともに生まれて来た（かなりのキリスト教徒が主張するように）、「原恵」（original blessing）とともに生まれて来た（その他のキリスト教徒が主張するように）、「どちらをも」（ヒンドゥー教徒や仏教徒のカルマの思想の立場？）、「どちらでもない」（無神論者）か、である。超越的な神（God）と原罪との結合は、ルターがよく理解していたように、人々を支配するのに巨大な意味をもった。

15) 詳細はGaltung (1989a, ch.3; 1989b) を参照のこと。選民意識の主題に関する優れた研究は、Weber (1971) を見られたい。

16) これは魅力的なそして恐ろしいディストピア的な小説のテーマである。私はこの参照をCarolyn DiPamaに負っている。

17) あまりオリジナルではないが、私の立場はこうである。胎児は生命である。ゆえに神聖である。故意かどうかにかかわらず、生命が破壊される状況を回避するために可能なすべてのことが行われるべきである。すべての代替案が出尽くしたとき、その生命を創造した者——通常は男と女——に決定はゆだねられる。その場合、女には拒否権を行使する権力と男に相談する権利が与えられる。

18) 彼の基本的な立場は単純にいえば次のようである。わなから抜け出すために、蓄積されたすべての剰余価値を、生産要素の所有者の奢侈的消費のためにではなく、生産要素の改良のために充当せよ。単純かつ賢明だ。これはまさに日本が行ったことだ。しかしこれは、今日の日本が、他の多くの国々がそれを行うことを決して見たいとは思わないことにほかならない。

19) ポスト構造主義者の1つの重要な立場は次のようだ。表面の下を深く掘り下げることは、多様から単一への移行ではない。たとえば、「西洋の深層文化」は曖昧ではなくて明白である、ということはあり得ない。私なら次のような議論をするだろう。キリスト教は、少なくとも2つのリーディング（読み方）に関わることにおいてのみ理解することができる。ハードなリーディング（より超越的、原罪志向）、およびソフトなリーディン

グ（内在的、「原恵」志向）である。多くの人々は深層文化のより複雑な多様性を見るに違いない。しかし、「1」から「2」への1ステップは必要条件である。

20) コスモロジーを粗く定義すれば次のようだ。それは、文明の深層文化における文化的な仮設であって、深層構造下にある一般的な仮設をも含み、何が正常であり自然であるかを定義するものである。

21) 文化、とりわけ深層文化が、その文化が陶冶され新しい形に造り直されるために、十分な可塑性 (Scholem) をもつのはどのようなときか？　危機のときなのか？　深いトラウマを負わせられたり、深いトラウマを他者に加えることのトラウマを負わせられたりする、その後のことなのだろうか？　これらがきわめて重要な問題であることの認識を除いて、われわれはほとんど何も知らないのだ。

22) ガンディーの生涯を見てみよう。彼が引き受けた政治的アジェンダは、互いに交錯していた。自治 (swaraj)〔の追求〕、真理把持 (satyagraha) と発展 (sarvodaya) との探究、南アフリカのインド人・インドの不可触民 (harijans)・女性の向上、ヒンドゥー教徒とイスラム教徒との連帯闘争。どの時点においても、ガンディーは次のように言うことは決してなかった。すなわち、「私はこれらのうちの1つに集中しよう。そうすれば、他はついてくるだろう」。

参考文献：

Atwood, Margaret, 1987. *The Handmaid's Tale*. New York: Ballantine.

Benedict, Ruth, 1972. *The Chrysanthemum and the Sword*. London: Routledge. [Originally published in 1946.]

Galtung, Johan, 1969. 'Violence, Peace, and Peace Research', *Journal of Peace Research*, vol.6.no.3, pp.167-191.

Galtung, Johan, 1971. 'A Structural Theory of Imperialism', *Journal of Peace Research*, vol.8.no.2, pp.81-117. [Reprinted in Galtung, 1980b.]

Galtung, Johan, 1977. *Methodology and Ideology, Essays in Methodology*, vol.I, Copenhagen: Ejlers.

Galtung, Johan, 1978. *Peace and Social Structure, Essays in Peace Research*, vol.III, Copenhagen: Ejlers.

Galtung, Johan, 1980a. 'The Basic Needs Approach', pp.55-125 in Katrin Lderer; David Antal & Johan Galtung, eds, *Human Needs: A Contribution to the Current Debate*. Cambridge, MA: Oelgeschlager, Gunn & Hain; Königstein: Anton Hain.

Galtung, Johan, 1980b. *Peace and World Structure, Essays in Peace Research*, vol.IV, Copenhagen: Ejlers.

Galtung, Johan, 1984. *Hitlerisme, stalinisme, reaganisme. Tre variasjoner over et tema av Orwell* [Hitlerism, Stalinism, Reaganism. Three Variations on a Theme by Orwell; in Norwegian]. Oslo: Gyldendal. [English edition forthcoming.]

Galtung, Johan, 1988a. 'How Universal Are the Human Rights? Some Less Applaudable

Consequences of the Human Rights Tradition.' Paper prepared for the Nobel Symposium on Human Rights, Oslo, June.

Galtung, Johan, 1988b. '"A Structural Theory of Imperialism" Ten Years Later', pp.289-310 in *Transarmament and the Cold War: Peace Research and the Peace Movement.* Essays in Peace Research, vol.Ⅵ, Copenhagen: Ejlers.

Galtung, Johan, 1988c. *Methodology and Development, Essays in Methodology*, vol.Ⅲ, Copenhagen: Ejlers.

Galtung, Johan, 1989a. 'The "Middle East" Conflict', ch.3, pp.37-57 in *Solving Conflict: A Peace Research Perspective.* Honolulu, HI: University of Hawaii Press.

Galtung, Johan, 1989b. *Nonviolence and Israel/Palestine.* Honolulu, HI: University of Hawaii Press.

Galtung, Johan, 1989c. *Europe in the Making.* New York and London: Taylor & Francis.

Galtung, Johan &Fumiko Nishimura. 1983, 'Structure, Culture and Languages: An Essay Comparing the Indo-European, Chinese and Japanese Languages', *Social Science Information,* vol.22, no.6.December, pp.895-925.

Ienaga, Saburo, 1978. *The Pacific War: 1931-1945.* New York: Random House.

Krippendorff, Ekkehart, 1985. *Staat und Krieg, Die historiche Logic politischer Unvernunft.* Frankfurt: Suhrkamp.

Larsen, Morgens Trolle, 1988. 'Europas Lys', pp.9-37 in Hans Boll-Johansen & Michael Harbsmeier, eds, *Europas Opdagelse.* Copenhagen: Ejlers.

Miller, Casey & Kate Smith, 1988. *The Handbook of Nonsexist Writing.* New York: Harper & Row (2nd ed.).

Roth, Michael, 1988. 'Strukturelle und Personale Gewalt: Probleme der Operationalisierung des Gewaltbegriffs von Johan Galtung', *HSFK Forschungsbericht,* no.1, April 1988.

Saner, Hans, 1982. 'Personale, Strukturelle und Symbolische Gewalt', pp.73-95 in *Hoffnung und Gewalt. Zur Ferne des Friedens.* Basel: Lenos & Z Verlag.

Weber, Hans Ruedi, 1971. 'The Promise of the Land, Biblical Interpretation and the Present Situation in the Middle East', *Study Encounter,* vol.7, no.4, pp.1-16.

4 革命の構造的理論*

1 はじめに

　革命（revolution）とは、短い時間のうちにもたらされる、社会構造の根本的な変革（change）のことである。「根本的」とは何か、「短い」とは何かはここで議論されることはない。ただ次のことだけは言っておこう。「短い」とは、社会的時間の基本単位——基本的社会単位すなわち人間のライフサイクルとわれわれが見なすもの——に比較した場合のことである。こうした定義のパースペクティブは、構造志向と言えよう。すなわち、人事の転覆または交替は、それがいかに速やかにもたらされるにしても、社会構造に影響しない限り、革命ではない。せいぜいそれは、革命の一条件または一帰結にすぎない。下層階級による上層階級の最も暴力的な置き換えさえも、それが構造変化を何ら含まないのであれば、革命ではない。社会構造とは何を意味するのかは、後に議論されよう。

　いかなる革命理論であれ、もう1つの問題は、社会の単位またはレベルの選択である。革命の伝統的単位は、今日、社会として——しばしば国民国家として——知られている単位である。革命は、フランス、ロシア、キューバのような統一体において起こるのであり、ドルゴーニュ、パリ、またはサンタ・クララにおいて起こるのではない。これには、もっともな理由が、ある——少なくとも、あった。究極の権力のための座席は、国家に固有のものであったのだ。ゆえに構造的な変革がもたらされ、そしてそれが内部および外部の敵に対して防衛・維持されるには、支配階級によって利用された道具としての国家を征服しなければならなかった。しかしこれには、一方において国家主権の理論を、他方において社会的均一性を前提とする。すなわち、「社会」なるものがあり、その周囲に円を描き、壁を立てることにより革命を遂行できる、という前

提である。しかし今日の凝縮された世界において、現代社会は、国際資本主義により織られる強い繋がり (ties) だけではなく、あらゆる種類の組織的な繋がりによって緊密に織り合わされている。防衛とは、必ずしも侵略する軍隊に対してではなく、相互依存の微妙な繋がりに対するもの、相同関係の強い力、1つの社会から他の社会への構造的な統制／画一化 (*Gleichshaltung*) に対するものでもあろう。そして現代社会は、地域・組織・結社の内部的諸単位に関して、内部的に差異化される傾向にある。[1] 先に定義した意味での革命的変化は、外部の圧力が相当に大きいとしても、それらのうちのどの1つにおいても意味をもつのである。

　このようにして、革命的変化が擁護される1つの単位において革命が生起しなければならないとしても、その単位がどこに見つかるかは全く明らかではない。それはミクロのレベルでは、学校であり、大学であり、自発的な結社であり得る。真の意味で連邦的な諸社会においては、内部的な同質性が弱くなり、領土が重要でなくなるとともに、それは地域であり、カントンであり、国家であり得る。

　他方、いかなるマクロ・レベルの革命であれ、ある意味において、抑圧に抗して擁護されるために、それは世界革命にならねばならない。しかしこれは両方向に作用する。以前の植民地に革命が起こったとすると、政府間や非政府組織を媒体に、その反響はきわめて速やかに感じられる。こうした反響は、ある方向には明白であり他の方向には不透明である、媒体中の波のようなものである。成功した革命は、その足跡のいたるところに小さな変化を残す。ゆえに究極的には、革命の単位は——したがって革命理論の単位は——世界である。同様に究極的にはミクロ・レベルにおいて、水平的・衡平的な関係を打ち立てようと闘っている、夫婦のごとき二者である。

　上述したことから、革命は1つの危機 (crisis) であることが分かる。[2] 革命（あるいは革命の脅威）は、一時的に2つのグループに人々を分断する。古い秩序を好み革命の脅威を危機と感じるグループと、古い秩序はすでに永続する危機であると感じているグループとに。この分割はしかし、人々の社会的地位から、決してきっちりしたものではない。そこにはつねに、人格的要素、イデオロ

ギー的要素等があるから、これらは、特権層のなかに革命家を作り出し、非所有者のなかに現状維持派を生み出す。こうした現象の説明のために、「虚偽意識」の理論を引き合いに出すのではなく、われわれはより複雑な社会理論を求めなければならない。また、社会を単に2つの階級から構成されるものと見てはならない。構造的な変革がゆっくりと行われる進化の場合は、それに適応・同化するのに十分な時間があるから、言うまでもなく脅威はより小となる[3]。

　いかなる革命理論であれ、もう1つの重要な区別が行われねばならない。「革命」という言葉は全く異質な出来事に適用される。その言葉は、1800年前後に南北アメリカの独立に導いた出来事、ロシア、中国、キューバで起こったこと、そして1789年にフランスで起こったことに適用される。ある革命は純粋であり、ある革命はそうではないと言うよりも、おそらく外部的および内部的革命と言うのが良いであろう。外部的とは、海外からの侵入に対する防衛という特殊なタイプの革命である。それは、とりわけ密接な経済的協力において外部権力と結託した地方エリートに対しても向けられる点で、外国の侵入者に対する通常の戦争とは異なっている。

　外部的革命は、それが成功するかどうか、戦争がともなうかどうかにかかわりなく、目標自体は明確である。すなわち、決定における自立性である。そして、まさにその目標がきわめて明確であるがゆえに、国家革命はしばしばいかなる社会革命もともなわない。それはそれ自身の権利において1つの成就となるからにほかならない。

　内部的革命は社会革命であり、外部の国との関係における構造だけではなく、内部構造に関わる変革をも含むきわめて複雑な現象である。積極的に定式化された目標——現存秩序に代替する比較的に明確なアイデア——なしに、これがどのようにもたらされ得るかを見ることは困難である。外部的革命においては支配の代替は支配からの独立である。内部的革命の場合、問題は目標に関して開かれているから、より複雑となる。そしてより複雑だから単純化される。単純化の1つの方法は、2つのタイプの間を自動的にリンクすることである。外部的革命が成就されると、内部的革命はほとんど自動的にやって来るとされる。1949年以後の中国の状況の多くのメリットの1つは、いかなる意味に

おいてもこれら2つの革命（内部的および外部的革命）が自動的には継起しないことを明証したことだ。すなわち、国家革命は社会（または文化）革命がそれに続き得るための必要条件ではあるものの、社会革命が自動的にやって来ることはあり得ない[4]。前者（国家革命）は、人々の繋がりを容赦なく断ち切り、ある人々またはあるカテゴリーの人々を外部に追いやる。後者（社会革命）は社会の再構築の問題である。キューバの場合は、国家革命の迅速さと社会革命の痛みの伴う困難な性質とのコントラストをわれわれは明白に見ることができる。中国の場合もおそらく同様となるだろう。ロシアの場合は確かに、かつてもそうだったし今もそうである。

　しかし、革命理論におけると同じく革命においても、真のジレンマは、定義にあるのでも、ミクロ－マクロ間や外部的－内部的間にあるのでもなく、個人と革命のプロセスそのものの間にある。こうした革命のプロセスにおける個人の役割についてプレハーノフ[5]が書いてから長い年月が経った。しかしその問題は、いっそう明白になるとともに、より深化・拡大した。そうしたことすべての根にあるのは、人間と社会という通常の二重性である。社会は人々から構成され、人々のいない社会というものはない。しかし、社会は人々から離れた客観的な存在であるようにも見える。自然はわれわれすべての死後も生き延びる（少なくともわれわれはそう信じているし、そう信じるだけの理由もある）。社会もこれに似ていて、あなたや私やその他の死——同時のではなく——の後も生き延びる。社会は人間諸個人から独立した存在であり、しかも人間諸個人の生産物でもある。人間というものはだから、社会で生起することの主体であり客体であり、または部分である。

　われわれはこうした人間と社会との間の関係について2つの極端な見方を定式化し、革命理論に関わってそれらの帰結を見ることにより、こうした概念上のジレンマを切り抜けるべく努力することにしよう。

自動性アプローチ

　一般的に社会、特殊的に社会構造は、客観的な諸プロセスを隠しもち、そうした諸プロセスは人間によって理解されることもされないこともある。それら

を理解すること、すなわち法則の形でそれらを把握することは、それらを変える力を必ずしも与えず、自身を緊密に順応させるか、あるいは闘うか（空しい結果に終わる）の間の選択を与えるにすぎない。法則に則って革命が起こるのであれば、それはある種の自動性（automaticity）によって起こるのである。それに挑む闘争は重力と闘うようなものである。自由とは、こうした見解によれば、必然性への洞察（insight into necessity）にほかならない。

目標 – 手段アプローチ

一般的に社会、特殊的に社会構造は、主体的な諸プロセス——目標の選択と手段の配置——の結果である。だから、自由とは十分性の洞察（insight in sufficiency）、すなわち目標の実現に十分な手段の洞察なのである。人間はいかなる目標であれ自由に形成することができる。唯一の問題は、そうした諸目標に関して互いに異なる見解があるとき何をなすべきか、ということである。

第一の見解によれば、社会は完全に「それだけで独立の種類をなす」（*sui generis*）ものであり、客観的な諸法則に従っている。ここで客観的とは、社会のメンバーがそうした諸法則を知っているかどうか、信じているかどうか、賛成・反対するかどうかにかかわらず、それらの法則が機能するかどうかという意味である。これはごく少数者だけに保持されている極端な立場である。しかし、多数者が支持するに違いないその修正版が存在する。法則があり、それらは客観的である。しかし、主観的な認識およびこうした認識に合致した行動は、その過程を促進または遅延させる。過程の最終の結果は同じであろう。しかしそうした結果を得ることができる速さや容易さは異なるのである。

第二の見解によれば、社会は完全に人間の意志力（volonté）の生成物である。どんな目標の集合であれ約定され得るし、どんな手段の集合であれ選択され得る。十分性の諸関係を支配する法則がある。目的のための手段の十分性である。そして手段が知られるほど、目的の実現がより容易にかつ迅速になる。この見解は、主観的な目標および社会変革の柔軟性を第一義とし、法則の洞察を有用とし、さらには不可欠とする。しかし、目標設定のプロセスは重要性において第二義的なものと見なすのだ。これとは対照的に第一の見解は、客観的な

法則に第一義的な重要性を与える。

　これらの見解の多くの変種が定式化されるであろう。しかしここではそれらをスペクトルとして示そう。

客観的諸法則が第一である：　　　　　　　主観的諸目標が第一である：
客観的範囲の中で諸目標は　←──────→　そうした諸目標を達成する
選択される。　　　　　　　　　　　　　　ため諸法則が選択される。

　これら２つの見解は、最初の見かけほど両立できないものではない。第一の見解を信奉する者は、社会を法則によって支配されていると見るものの、そうした法則は、第二の見解の信奉者によって指示された諸目標が実現される社会的変動の範囲内に導くからである。その場合、違いは単に時間的順序の差異にすぎなくなる。前者は過程が成熟し、革命が到来するのを待つ。その後は目標が自ら展開するだろう。後者も同時に出発する。目標を定式化し機能するように配置する。前者は自然現象を待つように革命をひたすら待つ運命論者となる。後者はコンテクストやそれをめぐる過程を無視し、彼らのユートピアを構築し、歴史の殉難者になる。

　明らかに、両者とも正しいと同時に間違っている。人間社会がどうしても生み出してしまう計画外の過程があること、人間の意志力の協働がこうした過程にも影響することは否定できない。ここから、これら２つの見解を和解させる、何らかの要因がどこかにあるのではとの疑問が起こる。１つの示唆は人間の意識のレベルであろう。社会的諸過程があり、それらが自動的・客観的に運行するために、何ほどかの人間の盲目性あるいは少なくとも非常に特殊な人間意識の分配を事前に想定しないとはとても信じられない。より高度な意識のもとでは、実現可能な目標がより良く実現されるように、社会過程は反作用を受け、他の方向に転換させられるであろう。より低い意識のもとでは、自動性のみが希望となる。

　しかし、こうしたことすべてはきわめて複雑である。すべてが循環的であるようだ。社会が決定し、それがまた人々によって決定される。人は目標を設定

できるが、どんな目標でも設定できるというものではない。目標として何が可能かを決定するが、何が可能かということが今度は目標を決定する、等々。この循環を断ち切る方法は、人間が無限の意識・全知・全能を備えた神のようになることの要求以外に、何があるのだろうか。1つの方法は、人間をより高い力の使徒——道徳的要求を設定し、何が来ようとより高い規範に忠実である——にすることであろう。そしてこれが、個人と革命とに関する一般的問題への第三のアプローチとなるのである。

　社会は複雑である。しかし、何をなすべきかに関わる規範（norms）がある。これらの規範は、細部は別にして、原理において反駁され得ない源から生じている。たとえば、プロレタリアートの前衛としての党、または現状維持の表現としての教会である。規範は、自動性アプローチの上または手段・目的アプローチの上に打ち立てられることができる。そして、それらのアプローチに応じて生じる態度の表現となり得る。

　これら3つのアプローチは、革命的状況において行動の異なるタイプに導くのを容易に見てとれる。第一のアプローチは運命論（fatalism）に、第二は社会工学（social engineering）および実用主義（pragmatism）に、第三は教条主義（dogmatism）にそれぞれ導く。これら3つのアプローチは、革命が成功しないときに生じる問題に対してあらかじめビルト・インされた回答を用意している。「時期が早すぎ、状況が熟していなかった」「いくつかの要因が満たされなかった」「活動を妨害する者がそこら中にいた」などである。どの診断もそれらのパラダイム中の思考においては正しい。

　社会生活のこうした複雑さから、人‐革命関係の展開の分析にわれわれは3つの基本的アプローチを混用することが必要である（図1）。

　この三角形の中のどこかに実際の人々は位置している。人々が角にいることはまずない。人々が角に向かって追いやられ、フェイタリスト、プラグマティスト、ドグマティストになるのは、おそらく事物が全く機能しないときだけであろう。この時点において次のような基本的な問いを発してみよう。人々の他の人々との関係において何が起こるか？　プラグマティストとフェイタリストの間の関係はどうか？　フェイタリストとドグマティストの間は？　ドグマ

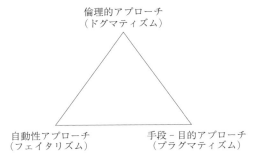

図1　革命の３つのアプローチ

ティストとプラグマティストの間は？　いかなる革命運動の内部であれ、これらの３つのタイプの存在が指摘できる。彼らはもちろん彼らの間で巨大な闘争を繰り広げる。しかし、全体としての社会においてもこうした区別には意味がある。

　大体において、プラグマティズムは社会の中心 (center) に向かってより多く見られ、絶対主義 (アブソリューティズム) の２つの変種であるフェイタリズムおよびドグマティズムは周辺 (periphery) に向かって多く見られる。フェイタリストは中心において何ら問題とならない。彼らは、最後の審判の日、彗星、地震を待ち望む教団のようだからである。ドグマティストは革命的命令の指示に従うから、法と秩序の問題を提起する。しかしプラグマティストは、人々そして／または思想を取り込むことによって彼らをうまく管理する。規範の実行が道具的になるような条件がもはや得られない状況下で巧妙に操作する[6]。しかしまた、社会のパラメーターを社会の中心が十分に管理し得ない条件があるかもしれない。こうした条件はまさにわれわれが以下の節において研究しようとするものである。

　こうした革命の理論は——革命それ自体のように——行動の対話 (action dialogue) という思想に基礎付けられねばならない。行動の対話とは、革命 (revolutionaries) と反革命 (counter-revolutionaries) との対話であり、その一部はあらかじめ指示され、一部は状況によって創出され、一部は客観的なプロセスに乗っかり、一部は社会的信条、戦略的運動、そして倫理的命令への服従を通じてこうした過程を作り出すことによる。そして問題は、純粋かつ単純である。すなわち、どのような条件下で革命は成功するのか！

2 革命の諸条件——いくつかの経験的な指標

　絶対的に正しいとは確かに言えないものの、革命が成功する条件をより良く理解するための1つの指標は、今世紀［20世紀］における諸革命の単純かつ経験的な分析——少なくとも旧体制 (ancien régime) の転覆に関する——であろう。それは3つの理由から絶対的に正しい方法ではない。まず「成功」とは何かは転覆させることだけを意味し得ない。それは何かを建設するという意味においても理解されなければならない。次に、いくらかの規則性、とりわけ頻繁に現れるように見える条件を見出すことは、われわれが鉄の法則を発見したことを意味するものではない。というのは、こうした法則は社会科学においては全く存在しないからである。[7] そして最後に、どのような事例を考察すれば良いかを決定するという問題がある。「革命」という形容語句は、われわれの時代には、インフレ傾向にある用語に属することは周知である。それゆえ、選択に当たってわれわれは批判的であらねばならない。

　こうしてわれわれはメキシコ、エジプト、およびトルコの事例に関心をもつことはない。これら3ケースはおそらく封建制から資本制社会への移行を促進した社会変革として見なし得るからだ。われわれのここでの焦点は、階級なき社会 (classless societies) に向かう努力により多くあてられる。しかしこれら3ケースはこうした分類にはほとんど入らないであろう。われわれの関心は明確に社会主義 (socialism) の目標をもった革命にあり、このことは直ちに次の14ケースを包含するものに向かうであろう（表1）。

　これらは今日、通常「社会主義陣営」と考えられている国々である。ヨーロッパの9カ国、アジアの4カ国、そしてキューバである。加えて南米のペルー、アフリカのアルジェリア、ギニー、タンザニア、アジアのビルマ［ミャンマーの旧称］、それにおそらくはイラク、シリア、南イエメンがある。しかしこれらの国々は、上記14カ国がそうであるようには通常「社会主義陣営」とは考えられていない。今日世界で最も孤立した国であると見られているビルマを除いて、これらの国々は非社会主義国からの浸透が大であるからだ。表1に

表1　社会主義革命のサーベイ

	ラテン・アメリカ	ヨーロッパ	アジア	
中心		ソ連		1
周縁	キューバ	ポーランド DDR（東ドイツ） チェコスロヴァキア ハンガリー ルーマニア ブルガリア	モンゴリア	8
自主		ユーゴスラビア アルバニア	北朝鮮 北ベトナム 中国	5
	1	9	4	14

入るのに最も近接している国はおそらくアルジェリアであろう。仮にアルジェリアを入れても、われわれが以下に述べる結論は、むしろ強められこそすれ、大きくは変わらないであろう。

　表1では社会主義陣営を〈中心〉（Center）・〈周縁〉（Periphery）・〈自立〉（Autonomous）と区分している。それは社会帝国主義の議論を呼び起こす[8]。しかしここでは、社会主義陣営は〈中心〉と〈周縁〉をもち、ユーゴスラビアは1948年に〈周縁〉から最初に離脱し、アルバニアと中国は1960年代に、移行年月日は確定しないものの、長い過程を経て〈周縁〉から離脱したことなど、明白なことは詳述しないでおこう（北ベトナムは、ソ連の周縁国であったことは決してなかったであろう。北朝鮮は中間的なケースである）。14カ国から革命に関してどのような一般化が可能だろうか。以下、5点について意見を述べよう。

1）これらすべては封建的（feudal）または前資本主義的（precapitalist）な国であった。換言すれば、これらの国々は、チェコスロヴァキアを除いて、資本主義が生育・成熟していなかった。ここから革命は成熟した形態の内部的資本主義に抗する革命とはとうてい見ることはできなかった。そしてこれは革命後に他の国では資本主義の保護のもとに「産業化」や「近代化」と

88

いう見出しのもとで行われた多くの仕事が未遂行のまま残されることになった。

2）すべての国は資本主義的帝国主義の周縁にあった。キューバは、米国帝国主義と必死に闘った。ヨーロッパの9カ国は今はECのメンバーである資本主義的帝国主義に進攻されていた。韓国は日本帝国主義の衛星国であった。ベトナムはフランス帝国主義の、中国は米国・西欧・日本の結合した帝国主義の衛星国であった（モンゴルはシステムの周縁というよりは辺境であった）。換言すれば、革命は資本主義への反作用というよりはむしろ帝国主義への反作用であった。このことが、20世紀の革命の諸現象の理解に関して、マルクスよりもレーニンを今日的な理論家にした。これには2つの理由があるようだ。搾取がよりいっそう過酷であったこと、および周縁国のプロレタリアート（周縁の周縁）は両面価値的でなかったことである。彼らは文字通り、失うべきものが何もなかった。実際には、同じ条件のもとに、中心国のプロレタリアートは資本主義帝国主義の戦利品の分け前に大いに与ったのである[9]。

3）14カ国のうち13カ国において革命は世界戦争との関連のもとに起こった。キューバはもちろん例外である。革命は1958/59年に起こった。もしわれわれがアルジェリアを加えていたなら、それは例外と言及されていただろう。しかし自由を求めるアルジェリアの革命的戦争は、第2次大戦と関わってフランスの弱体化と関連する先駆者があったことは明らかである。13カ国すべてにおいて、旧体制（ancien regime）——国内、占領国、または植民国（またはこれら2または3の連合）——は、かなり弱体化していたか、戦争の敗戦国であった。このことは旧体制を転覆させるのに必要な反抗力の大きさに関して何ほどかをわれわれに伝える。世界戦争に関して極端な暴力の規模が支配階級の強制機関を破壊させた描像の優位の部分であった。

4）14カ国のうち13カ国の場合、好ましい大国コンテクストにあった。これは単に次のことを意味する。資本主義的帝国主義（米国・西欧・日本）の中心諸国は、はるか遠くにあったか、または敗北していた。そして／または

ソ連は近かった。ヨーロッパの場合、国内の革命勢力が新体制をもたらすのに中心的な役割を担ったのは、ユーゴスラビアおよびアルバニアにおいてであった。その他の6カ国には赤軍がずっと重要であった。自国の革命に本当に著しく寄与したこれら2国が、ソ連に対して相対的に自主的であり得たのは全くの偶然ではなかった。しかしながら、それら2国はソ連からいっそう遠く離れているという状況もある（東独を例外として）。

　北朝鮮において状況はヨーロッパと類似していた。帝国主義的関係を行使した枢軸国は敗北した。西側諸国は戦時の条約から侵入したくともできなかった。しかしながら1950-53年の朝鮮戦争は、これを埋め合わせる試みと見ることができる。そしてインドシナ戦争は確実にそうであった。米国サイドには「中国を制する」（keep China）という不断の努力があった。しかし資本主義的帝国主義はこれら3ケースについてこれまでのところ成功していない。韓国、香港、台湾、および南ベトナムを足場として保持できているにすぎない。

　キューバはこうした図式には当てはまらない。それは別の仮説が必要であることを意味する。米国は不意を襲われたというのはおそらく正しいであろう。しかしながら、キューバが比較的にすぐに（1960年6月から、さらにはとりわけ1962年9月から）大国の力の場の1つの主要な要素となったことは、まさにこの仮説に当てはまることだ。革命はソ連からの有効な援助なしで行われた。しかしキューバは社会主義市場がなければ経済的に沈没していただろう。そしておそらく不可侵がソ連によって保証されていなかったなら軍事的に暴走させられていただろう。

5）すべての国において革命は極端な抑圧体制に抗する革命であった。革命において大衆参加を惹起するためにはおそらく体制はきわめて抑圧的（repressive）でなければならない。ここで抑圧的とは、直接的な抑圧（恐怖、拷問など）および構造的な抑圧（搾取による収奪）の両者を意味する。この多くは進行中であった世界戦争に起因するものであった。しかしむろんこうした条件はすべてのケースについて存在していた。

以上が指標である限りにおいて、そこから引き出すことのできる結論は、諸条件はきわめて極端であり、めったに実現されない、ということだ。もちろん、キューバのケースが教えることは、同時にすべての条件が満たされねばならないということではない。また過去のケースから将来に関する確たる結論を出さねばならないということでもない。革命が試みられ、より穏やかな条件のもとでそれが成功していたかどうかわれわれは知らないから、なおさらそうである。しかし現状では、次のことはきわめて明白である。われわれがここで関心を有しているような種類の革命は、資本主義的帝国主義の「周縁」における封建的または前期資本主義的体制に対して向けられるとき、そして、体制の強制力の弱体化――世界戦争への不成功な参加に起因する過酷な状況に匹敵する――のもとで、さらには、好ましい超大国コンテクストのもとにおいて、成功し得る。

　このことはたとえばラテン・アメリカの現実に対してどう解釈されるのか。再びこれを指標としてあの大陸ではどのような条件下で革命が成功すると言えるのか。そうした条件は容易に列挙できよう。最初の2つはすでに満たされている。大多数の国々にとって第5の条件も満たされている。本稿の執筆の時点で、20カ国のうち16カ国がすでに軍事体制にあり、残る4カ国（メキシコ・コロンビア・ヴェネズエラ・アルゼンチン）もきわめて抑圧的である。ゆえに第三と第四の条件――大戦による権力体制の弱体化、および好ましい超大国コンテクストの存在――が問題となる。西半球におけるソ連の軍事的プレゼンスを無視すると、これらの2条件は結合して1つになる。すなわち大戦により米国は十分に弱体化――必ずしも敗北ではない――している。それに加え、ラテン・アメリカにおける軍事体制は諸国間の戦争により弱体化し、大体において社会主義革命の諸条件は存在していると言えよう。

　このことはラテン・アメリカの急進的な意見が、超大国をいかに回避するか、南米大陸においていかに世界戦争を回避するのかに関して、通常の西洋の思潮となぜ同じでないのかを理解するのにかなり重要である。反対に彼らは、こうした困難に対峙して、社会主義革命がほとんど不可避になると感じる傾向にある。そしてデータも理論もそのことを支持しているかのようである。（次

のことを付加しておくべきだろう。社会帝国主義と死闘を演じている東欧諸国は、彼ら自身が超大国の支配の犠牲者になりうるという明白な事実がないとしたならば、同じイデオロギーをもつに至っていたであろう。東欧諸国は第一線にある。ラテン・アメリカはそうではない。中国もそうではない。)

　以上はおおむね1974年現在の描像である。しかしこうした描像は急激に変化するであろう。たとえば超大国の没落を通じて[12]。ゆえにわれわれは、革命が成功するためのより一般的かつより理論的な用語を援用し、革命の単位を必ずしも国家に限定することのない、他の指標をも必要とする。

　こうしたことを展開するため、われわれは「はじめに」で展開された論点、とりわけ行動の対話に関してより基本的な考察に戻ることにしよう。

3　行動の対話としての革命

　こうしてわれわれは、3つのアプローチを併用しながら革命の理論に入ろう。すなわち、社会現象におけるある一定の自然法則（*Naturgesezlichkeit*）を部分的に信じ、目標設定と戦略的遂行との自由を部分的に信じ、基本的な倫理的指令を部分的に信じるのである。しかし基本的指令は目標を達成するための性質をより多くもっている。そして革命の一般理論においては、目標は単に消極的に定義されるにすぎない。革命は何かに抗して行われる。この何かは詳細に述べられなければならない。端的に革命は何に抗して行われるのか？　純粋に構造的な語彙において、われわれの回答は次の2つの部分からなる。

　　——革命は労働の垂直的な分割（垂直的分業 vertical division of labor）すなわち階級関係をその中に含む社会における垂直的な相互関係のパターンに抗して行われる。
　　——革命は封建的な相互関係の構造（feudal interaction structures）——社会を上層部において緊密に結びつけ、下層部において分断する——に抗して行われる。

われわれは、これらの相互作用または構造が、経済的・文化的・軍事的・政治的であるかに関して何も語らない。内容に関して何も語らない。また、革命の単位が「社会」——それがどう定義されようと——でなければならないと想定しない[13]。

想定のすべては、ミクロまたはマクロのレベルにおいて社会構造があり、そこでは垂直的・搾取的相互作用があり、それが参加者を〈勝ち組〉[topdog]（Tまたは*Herren*, H）と〈負け組〉[underdog]（Uまたは*Knechte*, K）に言分け（ことわけ）し、相互作用のもとで前者が後者よりはるかに多く取るように布置することである。例示は必要ない。これをいかなる社会分野にも見出せない読者にはどんな革命理論も無意味であろう。

さらに、衛星国に対する植民地本国の関係のように、相互作用の諸関係は、勝ち組を固く束ね、負け組をバラバラにする1つの構造に統合されることが想定される。これは「封建的構造」（feudal structure）または「ランク依存的」（rank dependent）構造と称され、時間・空間中、どこにでも見られるきわめて一般的な社会形態である[14]。垂直的相互関係と結びつくから、とりわけ悪性である。それは、国際のレベルでは、分割された原料生産植民地に対する統合された西欧資本主義の関係であり[15]、ミクロのレベルでは、学校や学級に分断された先生や生徒に対する教育省の関係である[16]。

非常にしばしばこうした構造は反復によって強化される。人は、生産手段の所有によって勝ち組（T）だけではなく、高学歴であることによって二重の勝ち組（TT）になる。あるいはこのようにして多重の勝ち組にもなる。TUまたはUTのように、明白な解釈と共に勝ち組と負け組の混合も想像できよう。とりわけ興味深いケースは、社会学者が「帰属させられた」（ascribed）と呼ぶところの垂直的な次元である。出生時に与えられたもの（「悪い」家柄のような）、および人生において「獲得した」（achieved）ものである。どちらの場合にも垂直的分業が含まれている。物質的なそして精神的な意味において、勝ち組には豊かにする仕事が、負け組には貧しくする仕事が与えられる。しばしばTTグループの規模はきわめて小さく、UUグループはきわめて大きい。そしてTUおよびUTグループはその中間でゆらいでいる。こうした様々なケースが以下でや

表2　革命 - 反革命の行動の対話：10のテーマ

革命戦略	┌─── 反革命戦略 ───┐	
	分離的	結合的
1．ランク－不均衡のエリート	不均衡の解消	不均衡への同化
2．システム不相同	一般的封建化	一般的脱封建化
3．大衆の政治意識	大衆のアパシー	大衆の同化
4．負け組間の相互作用	封建的パターン	平等化パターン
5．制度化された相互作用	接触の不在	平等化パターン
6．変革志向イデオロギー	抑圧	選出、取り込み
7．カリスマ的リーダー	無力化	取り込み
8．欲求不満化された期待	期待の回避	欲求不満の回避
9．突発的事象	抑圧、反事象の製作	事象回避、封じ込め
10．社会結合主義との協働	分極化	革命との協働

や詳しく論じるランク－均衡社会（rank-equilibrated society）である。

　われわれは今やこれらの構造に立ち入り、1つの社会秩序から他のそれへの移行を保証する牢固として破り得ない法則ではなく、革命グループがその目標——垂直的・封建的相互作用に抗して闘う——とともに彼ら自身がそれと一体化し得るような、そうした社会的諸力（social forces）を発見するべく努力することにしよう。こうしたことは単純にはできない。革命だけが舞台に登場し、社会はその上で革命が演じられる、あたかも一片の自然であるかのごとく想定することはできない。革命は反革命を生み出すであろう。それは単純な弁証法であり、両グループは他が存在しないかのように技巧的に振る舞うのではなく、相互に戦略的にコトを遂行するのである。革命は作用（action）ではなく、相互作用（interaction）なのである。

　表2は行動の対話の10の次元を示している。われわれはそれらを個々に見ていくことにしよう。

4 革命を条件付ける10の要因

(1) ランク‐不均衡のエリート

このグループは、それがいかなるものであれ、革命的な変革の必要条件である。そのグループは、革命的変革の源であるとともに、広範な動機の基礎をなすからである。こうしたランク‐不均衡 (rank-disequilibrium) の状態は、日々の社会的存在の部分をなすから、つねに気付かざるを得ない相対的な剥奪の状態にあらわに置かれている。これは社会的不正義として経験される。そしてこのグループはその供給源をもっている。「勝ち組」という地位である。それがランク‐不均衡という状態を調整 (均衡化) するのに利用されるのだ。UU グループは、こうしたグループ (ランク‐不均衡のエリート) の存在なしには TT グループによってあまりにも容易に操作されるだろう。そして一般的には相互作用によって、特殊的にはコミュニケーションによってアトム化され、統合された攻撃を発動することはおよそ不可能となるだろう。こうした公準の正当性を想定するならば、問題はいかに不均衡化されたエリートが立ち上がり、彼らの革命的な潜勢力が維持されるかということになる。[17]

前者に関して、ランク‐不均衡のエリートは、今日、とりわけ教育制度によって生み出されている。高い地位にある大学の等級において最高位に達する初等・中等・高等教育によって、教育階梯上の移動を与えられている生徒1人当たりの経済的・政治的・社会的費用は、仕事の機会を供給するために社会秩序を変革するのに要する費用よりもずっと小さいから、多くの低開発国においてランク‐不均衡はほとんど不可避の帰結である。[18]

ゆえに反革命サイドの明白な分離的戦略 (dissociative strategy) は、結果として現存の職業構造に容易に吸収され得る範囲を超えない程度に、教育体制を閉ざすことである。この古典的方法はもちろん、教育を受ける経済的・社会的コストを引き上げ、すでに体制化された家庭の息子、場合によっては娘だけが享受できるようにすることである。この単純な方法によってランク一致 (rank concordance) は保持され、不均衡の発生が許容されることがなくなる。こうし

て当時のベルギー領コンゴでは、コンゴ人の大学卒業者はわずか16人にすぎなかった。この国の大きな人口を考慮すると、これはこの方式を実行するのに実に手の込んだうまいやり方であることが分るだろう。しかも、大卒中の15人もがシステムからはずされベルギーで職を得たと人が知るとき、このことはいっそう明白となるだろう。[19]

　しかし、少なくとも同等に重要なことは、対応する結合的戦略（associative strategy）である。ランク‐不均衡がすでに社会的な事実であるならば、さらには不均衡の割合が増大さえしているならば、問題は社会秩序が、この潜在的な革命グループを吸収するために、どのような他のメカニズムを提示できるかである。

　第1の回答はもちろんランク‐不均衡にあるメンバーがTTグループに入ることを許容する社会的移動性である。これは社会変革を、通常は経済成長をも、前提とする。新しいメンバーを収容するために、そのシステムは現状の構造を完全に変革しなければならないからだ。しかしながら、こうした諸変革は比較的に連続であることができ、しかも決定的な権力のポジションはTTグループにより保持されるから、権力構造の基本的な変革が必要とされることはない。

　しかし社会的移動性は、動き回る不均衡状態の人々を受容する種々形態を拡張していくための、経済的・政治的・社会的・文化的な諸資源を社会秩序が欠きがちだから、ブロックされるかもしれない。しかし直ちに注意すべきは、ランク‐不均衡グループのための社会的移動性がブロックされるとき、それは社会構造に起因するとは必ずしも限らないことだ。その原因はグループ自身にあるのかもしれない。ある意味では、これは開発途上国と先進国との革命的な学生の差異であろう。前者では、学生達がそのために訓練を受けた仕事が単純に存在しないという意味において、就業機会は客観的にブロックされている。その結果は「頭脳流出」と呼ばれる地理的移動性であろう。[20] 後者のケースでは、主観的・イデオロギー的な理由から移動性がブロックされる。社会が紹介する職は、そのグループが拒否するものであり得る。彼らは社会一般への奉仕や、特定の職業をめぐるサブシステム（社会科学者にとっての市場調査のような）に従

事することよりも、そこからの撤退を好むのである。こうした社会不参加は、たとえばある種の知識人の大量生産をより客観的にブロックするための事後的な合理化である、との仮説とも見なされよう。しかしそうだとしても、こうした主観的な抵抗は十分に純粋以上のものであり、状況をイデオロギー的に説明・定義するいかなる試みにもちろん織り込まれるであろう。

　もし社会的移動性がブロックされるならば、国内移動であれ海外移動すなわち移民であれ、地理的移動性が1つの代替案である。インドが今日、多くの専門家を海外に送り頭脳流出を制度化することで、かなりの潜在的な革命エネルギーを放出していることは、ほとんど疑う余地はない。これはあまりに明白なテクニックであり、コミュニケーションの便宜が増大する（そしてコミュニケーションのコストがかなり低下する）時代にあって、この可能性が最大限に利用されることがなかったならば、逆に驚くべきであろう。もちろん国内移住も利用される。しかしそれは、国内の異なる場所での異なる職業機会という差異化を前提とし、比較的に不均一で多様な、そしてとりわけ比較的に大きなそして連邦的な国々にのみ利用可能である。小さな均一的な民族国家は、ランク－不均衡のエリートをその欲求不満から解放するための国内的な差異化を、おそらく十分には提供し得ないであろう。

　さらに地理的移動性もブロックされたと想像してみよう。この場合、不均衡状態のエリートは身動きの取れない場所に置かれることになる。彼らは社会的エネルギーの源泉であるにもかかわらず、社会秩序はそのエネルギーの十分な解放を許容しない。壁に押しつけられ、上方にも左右にも逃げ場がないとき人はどうするか。

　第一原理からさらに進み、単に机上の思考によれば、1つの回答は、それを変えることによってその場所から最良のものを作り出すことだ。もし機会が拒否されているのであれば、それはおそらく創造されなくてはならないだろう。鬱積したエネルギーはこうした機会の創造に向けられるだろう。そうしてみると問題は、現存の社会構造がいくつかのマイナーな変化、また、ランク－不均衡の人々が彼らの自己イメージとより調和する自らの居場所を作り出すために発揮するイニシアティブを、どの程度まで許容するかということである。この

ことは直ちに経済的および文化的イノヴェーションの可能性を思い起こさせる。1つの可能性は企業家的活動である。様々な国において、民族や人種的背景には低調な、資本や技能には熱狂的な企業家的エリートを構成する少数派グループの長いリストがある[21]。

　もう1つの可能性は文化的／科学的イノヴェーションである。政治的左翼の革新者でもよい。彼は新しい形態を創造し、自分自身のための需要を作り出すであろう。しかしこれとてもブロックされるかもしれない。

　ここまでのすべての可能性は既存の社会秩序の規範に合致するであろう。前者はシステムにおける変革を示し、後者はシステム（そのもの）の穏和なそして局所的な変革を示す。これらすべてのはけ口がブロックされたなら、ランク－不均衡の者はまさに困難なコーナーに追いやられてしまう。今や破壊的行動が、残された唯一の機会であり、彼の鬱積したエネルギーが時とともに徐々に消え失せるという可能性を想定しない限り、それがいかに回避されるかを見ることは難しい。しかし、こうした反応はしばしば起こるにしても、構造分析の見地からは興味あるものではない。ゆえにわれわれは、ランク－不均衡にある人々に開かれた破壊的機会に立ち戻ることにしよう。

　1つの簡単な分類法として、自己に向かう破壊そして他者に向かう破壊という区別を利用しよう。さらに後者に関して、システムにおける破壊、およびシステムの破壊を区別しよう。行動に対する懲罰に関して、〈内因〉対〈外因〉に導く諸要因について多くが語られ得る。しかしここでのコンテクストにおいて、われわれは原因論ではなく、エネルギーを吸収する行動として、こうした諸形態の利用可能性に焦点を当てることにしよう。

　前者には種々の方法がある。こうして自己に向かう破壊の1つの極端な可能性として自殺が挙げられるだろう。しかしこのタイプの欲求不満の帰結としては、心身症的な症状の印象的な領域が提示できよう。

　他者に向かう破壊に関する主要な区別はミクロとマクロの間のものである。どちらの場合にも、行動は明白に既存の規範（TTグループによって社会秩序の上に押しつけられる）に抗して行われる。そうした行動は、ミクロの場合には通常「犯罪」と呼ばれ、全体的な社会秩序に抗して行われる場合には「革命的行動」

図2 ランク-不均衡に対するもう1つの反作用

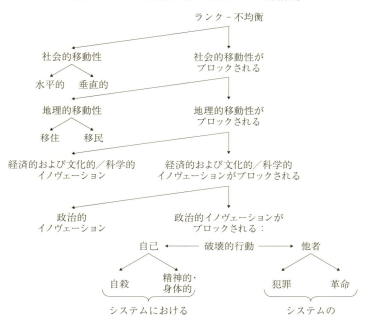

と呼ばれるのである。

　図2のチャートを使ってわれわれの議論を簡単にまとめておこう。この機会のツリーは分類の練習以上のものを意図しているものの、現実に何が起こるかに関して何か命題もどきを述べようとするのではない。われわれは多くの活動の1つの選択行動として破壊的行動を見ようとするのだ。そしてその選択行動は、他のいくつかの行動が試みられ、それが不可能またはブロックされていると判明したとき、残された唯一の手段としてとられるのである。

　このチャートにおいて社会秩序の唯一の脅威は革命的行動である。これは、他のすべてのはけ口は本質的に結合的な反革命戦略であることを意味している。より詳しく言うと強調すべきは、十分な精神医学的な制度化は潜在的な革命エネルギーを制度に吸収する主要な結合的戦略と見られ得る、ということである。そこでは、革命エネルギーはそうした制度に閉じ込められ、隔離・貯蔵

され、そして「通常」社会から逸脱した「異常者」と定義されるのだ。さらに社会秩序は、自己防衛のためにそこまで行く必要はないことも明白である［そこに至るまで種々の防衛手段があるから］。社会的移動という手段による、より高い地位への垂直的な移動そして1つの経済セクターから他のセクターへの水平的な移動。地理的移動という手段による、システム内における移動およびシステム外への移動。企業家的活動および文化的・科学的イノヴェーションという手段による産業・文化的活動領域の新たな創出。穏健な形態の政治的イノヴェーションという手段による政治における新機軸の展開。こうした種々の手段によってほとんどのランク－不均衡のメンバーを吸収することができ、残りの者は加齢によるエネルギーの緩やかな散逸過程に、あるいはいくらかの犯罪に加えて多少とも穏健な破壊活動に放置するのだ。

　しかし、こうした結合的戦略が効果的に機能するためにはもちろん、ランク－不均衡の人たちが相互にあまり知り合わないこと、同じグループのメンバーと考えないこと、資質があるにもかかわらず彼らが十分な組織化の潜在能力をもたないことが重要である。彼らのエネルギーはアメとムチの政策によって効果的に繋ぎ止められねばならない。彼らの間で競争させておくために移動者そしてイノヴェーターにはアメが与えられ、相互に良く知り合おうとするそして相当の組織能力をもつかもしれない破壊者にはムチが打たれ、彼らを閉じ込めておくのに十分な精神病院と監獄が用意される。1つの革命は10の犯罪よりも危険である。犯罪は、社会の目標に関してではなく、手段に関する逸脱にすぎないからだ[22]。

　このランク－不均衡理論（theory of rank disequilibrium）との関連において、ランク－不相同理論（theory of rank-incongruence）についても述べておくべきであろう。それは2つのランク－不均衡を同時に導入するものである。基本的な出発点は次のようだ。まず、2つのグループTUおよびUTは対角線上に正反対の方法で不均衡にあるため、その2つは最大限に不同（unequal）である。それらは不均衡に起因する攻撃的な潜勢力をもっている。加えるに、その攻撃性を相手の不均衡グループに向ける理由を有している。この理由は部分的にはそれらの非相似性（dissimilarity）に基づいている。それらは最大限に不一致である

ため、相互に最少の共感しかもち得ない。第二に、それらは勝ち組から同じ距離にあるため、同じ希少価値を求めるのに競争者同士である。第三に、正反対の次元においてそれらは上層に位置しているから、社会を異なったパースペクティブにおいて眺め、状況を異なった形で定義するであろう。それらはまた社会秩序の異なった分節に属する傾向があるため、制度化された相互作用の程度は低いであろう。両者ともTTグループおよびUUグループとの繋がりをもっているものの、相互間の繋がりはない。両者は、完全に不一致かつ競争的な、社会の上層・下層間のコミュニケーション回路を表現し、それらの相互作用のパターンにおいて異なる価値を組み入れているからである。

より詳細に言えば、彼らが出会うとき、両者共に自分たちは最上層にいるとして状況を定義する。たとえて言えば、白人の非熟練労働者は相互作用のために人種を引き合いに出そうと努める。黒人の熟練者はプロフェッショナルとしてのコンテクストを引き合いに出そうとする。こうした場合、簡単な解決方法は会わないことだ。白人は黒人の歯科医に行くより歯が虫歯になる方を好む。黒人のプロは「差別が剔抉された」白人の貧しい患者が運営する食堂に行くより空腹でいる方を好む。彼らは相互にどう関係すればいいのか。この時点でのわれわれの理論は、ランク‐不均衡の場合よりもずっと簡単である。それは1つの二元論の選択からなる。つまり、可能な限りの分離か、分離がブロックされているか。もし2つのグループが分かれて存在し、社会的または空間的な手段によって十分に分離されたままでいることができるならば、ランク‐不均衡に関して議論したのと同じように、基本的な人間的諸資源の不完全利用の他には、「何の問題もない」。もし分離できなければ、攻撃性が容易にその帰結となるだろう。こうした攻撃性は、競争の程度がきわめて高く、共感の程度がきわめて低いからとりわけきびしいものとなる。反攻撃性エンジニアリングの観点からは、問題は犬と猫をあまりに近く放置しておかないために十分な何らかの制度的分離を仕掛けることであろう。

ランク‐不相同理論は革命理論との関連においてとりわけ重要である。2つのグループはほとんど決定的に正反対の側に存在するからだ。TU‐UTの敵対関係はTTグループから注意をそらすメカニズムになる。TUグループが、

彼らの均衡化が可能となる種類の社会秩序を求めようとするのは当然だ。彼らが帰属させられた背景が無意味になるか、あるいは自ら勝ち組の地位になるか、どちらかになるからである（多くの社会主義諸国の指導者は労働者階級の出自が好ましいとされるように——父親がそうでなかった知識人になるのは大いに結構——、あるいは黒人であることが主導的な価値となるように）。UTグループ——能力を発揮し得ない者たち——は、彼らの帰属する背景が依然として地位への1つの鍵となる、そうした種類の社会を求めるのは同じく当然のことだ。彼らは自らをTTグループと同一視し、しばしばそのクローンとなるだろう。そして、上述した高い社会的疎隔と低い共感とが合体して、分離的戦略をシステマティックに利用する潜勢力となる。この典型的な事例は、米国南部における上層と下層の白人間の微妙な協力に見られる。上層白人は、訴訟を闘い、ゲリーマンダリング（自派に有利な選挙の区割り）に携わる。下層白人は、十字架を燃やし、時折のリンチに携わる。[23]

(2) システム不相同

　今やわれわれは「はじめに」において展開されなかった封建的システムのもう1つの側面に目を転じることにしよう。それは封建的諸システムのより広範な分析によって初めて十分に扱うことが可能となる。基本点は次のようだ。人が1つのシステムだけではなくいくつかのシステムのメンバーであり、彼は相似の（similar）または非相似の（dissimilar）ランク（地位rank）を有し、あるいはこれらの諸システムにおける相互関係のネットワーク（interaction network）において相似のまたは非相似のポジション（立場position）を有している。非相似のランクの場合はすでに前節で論じた。彼が1つのシステムにおいて高ランクであり、他のシステムにおいて低ランクであるとき、これはランク‐不均衡の状態である。われわれは、今度は、非相似のポジションの場合に注目し、これを不相同（incongruence）と呼ぶことにしよう。あるいはより正確に、彼は非相似のポジションにあるというだけではなく、全体としての相互関係の構造が考慮されるとき、諸システムは非相似であるということにしよう。図3はこれら2つのシステムを比較している。

4 革命の構造的理論

　左のシステムは最小の相互関係を示す。上から下への一方向のかつ垂直的な(vertical)相互作用があるのみである。右のシステムは3つの相互作用が加算されており、最大の相互関係を示す。下から上への垂直的な相

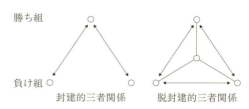
図3　封建的および脱封建的システムの比較

勝ち組
負け組
封建的三者関係　　　脱封建的三者関係

互作用、水平的な(horizontal)相互作用、および多面的な(multilateral)相互作用である。誰もが他の2者の相互関係を少なくとも1つのセッティングにおいて見ることができる——すなわち、多面的相互作用——から、「脱封建化」(defeudalized)システムはきわめて透明である。[24] 封建的システムは法外な構造的力(structural power)を勝ち組に集中させる。そしてこれが基本点である。すなわち、封建的システムでは構造的ポジション(structural positions)が非相似なのである。脱封建的システムでは最大限の相互作用があるだけでなく、構造的ポジションにおいて完全な相似性（対照性）がある。人が相互作用同等性(interaction egality)と言い得るものがあるのだ。そこには階級差異があるものの、誰も他に優越する相互作用の力を握ってはいない。

　社会構造は、それが不相同な諸システムを含むとき、不相同と言われる。相同と不相同の両システムにおいて地位を保有するアクターは、比較せざるを得ない。とりわけ不相同のシステムで行動するのに加えて、彼らもまたそれらのシステムにおいて不相同のポジションを保有する——1つのシステムの中心に、他のシステムの周縁に位置する——ことになるからだ。ランク-不均衡の場合にそうであったように、このことは変革のテコになる。アクターは2つのコンテクストにおいて異なって扱われるから、相同(congruence)を求めるべく努めるだろう。けれどもこの場合、個人が上昇する可動性だけでは不十分である。彼は全体のシステムを変革しなければならない。これは彼単独ではとてもできない。彼は運動を動員しなければならない。それには、彼が自発的な結社から得た知識と同様の民主的な相互作用のネットワークを自分の職場に導入することや、進歩的な学校で得た経験と同じ程度の脱封建化を自分の家庭に導入

すること等があろう。

　反革命的戦略は、前のランク‐不均衡の議論で述べた２つの戦略と類似している。分離的なテクニックは、封建制的レベルの厳格な相同関係の維持により脱封建化のいかなる運動をも抑圧するのである。これは、家庭、学校、職場、および政治一般において行われる。社会には高低がある。相互作用はとりわけ、高所間で、および高から低への方向で行われる（低所間、および低から高への方向ではなく）。まして多角的には行われない。相同関係の維持により、［不相同関係の］相対的な廃除のテコが除かれる。このことは革命のエネルギーのもう１つの源泉が不在になることを意味する。もしすべてのアクターが彼らのライフサイクルを通じて封建的相互作用システムにしか出会わなかったなら、彼らは、これこそが人間的相互作用一般の方法であり、だからそれはそうあるべきなのだとの思想の餌食に陥ることだろう。そしてこれこそが分離的戦略に従事する反革命主義者が彼らにもたせたいと欲する思想そのものなのである。

　対応する結合的戦略もまた、不安定の源泉を除去するため相同関係に焦点を当てる。ただしここでの相同関係とは脱封建化のレベルのものである。換言すれば、それは革命主義者の先を行く努力からなり、革命主義者からあの種の動機を除去するため、すべての相互作用の回路を開こうとするのだ。それは上から行われるゆえに定義から家父長的であり、階級構造には触れない。上層にいる者は上層のままである――しかし構造的勢力関係はより水平化されているから、以前ほどの上層ではない。

　われわれがこの点に言及するのは、それが封建的システムの一般理論に属しているからである。しかし、革命を条件付ける１つの要因としてのランク不均衡と同等の重要性をそれに求めるのではない。理由は簡単であり、それはより抽象的な性質のものだからだ。人は相互作用の機会を剥奪されても、ランクが剥奪されるときほどには容易にそれに気付かない。にもかかわらず、われわれの時代の新左翼革命において、それは必要であり、そうしたものとして姿を現す――たとえば、１つの組織における日常の多角的なミーティングの呼びかけとして。

（3） 政治意識

　われわれは最初にこの問題含みの言葉を定義しなければならない。そして、われわれは次の定式化を選択しよう。

　——政治的に無意識の個人とは、現存する社会構造を問題とせず、彼自身および彼に一番近い者（家族、組織、結社、地域、民族）の便益のために社会構造をとことん利用する者である。
　——政治的に意識的な個人とは、自分自身および自己と同定するより大きなグループの必要を満たすために社会構造の能力を問題とし、その構造変革を欲する者のことである。個人的満足、すなわち「成功」では十分ではない。

　このように政治的意識は、ずっと広い同定の領域を、そして（または？）社会構造に関するより原理主義者的な見方をもっている。社会構造は変えられねばならないのだ。[25] 言うまでもなく、これは二分法ではなく、高度に非政治的から高度に政治的まで連続している。政治理論で真に重要なものが１つあるとすれば、それは１人の人がいかに政治的になるかについてより多くを知ることであろう。しかし政治の社会化についての探求は、意識化がどの方向に向かうかにより多くの焦点を当てている。日々の経験から人が知るのは、社会構造は本質的に操作できないものであり、自分あるいは誰か他の者の便益のために自分をそれに適応・適合させるべきものと多数者は考えている、ということだ。他の者はこれとは全く異なったアプローチを採用し、システムにおけるミクロの変化では十分ではなく、マクロの変化こそが求められているとする。これに対応する対自然のアプローチが想起される。自然を操作の対象と見ないで、自然からできるだけ多くを取り出そうとする者がいる一方で、他方でこれとは反対に自然を軽視し、自分の目的または自分が属するグループの目的に役立たせるため自然を加工しようとする者がいる。

　この問題の１つのそして当面の目的にとって十分なアプローチとして、政治意識というものを、きわめて低いレベルの政治的意識であるアパシー（無関心 apathy）および同化（absorption）を作り出す、これら２つの条件とは正反対の精

神状態として考えることとしよう。

アパシーは今日、多くの社会における完全に搾取されている者、飢餓状態にある者、文盲の大衆を特徴づけている。社会秩序の込み入った事情は、彼らにとって、天空の星々のように遠方にあり、ほとんど同じように操作不可能である。あるいはむしろ、まさに星々に関してのように、操作可能性の問題が起こることさえないのである。つまり搾取をともなう社会は永久に不変である。これがUUグループの真の姿であり、TTグループによる搾取のまさに被害者なのである。[26]

しかし前述のように、こうしたタイプの社会では、広範な社会変革が可能と想像されるため、多くの者または社会構成員の大多数がTTグループ・システムに入り混じり、そして徐々に吸収・同化される。個々人の必要の満足度のレベルはきわめて高いため、資源の開発・蓄積は、高まる期待に応じるべく迅速に行われる。結果は構造への幸運な同化であろう。社会の構成メンバーは、構造を、自分たちの必要を満たすのに十分なものとして見るだけであり、ゆえにその前提を疑うことはない。もちろんアパシーのレベルでも前提が疑われことはない。しかしその理由は異なる。増大する諸資源により高度な必要が満たされるからではなく、諸資源の極端に低いレベルが同等に低いレベルの必要に結びついているからである。必要が諸資源を上回るため不満足があるとき、前提は疑われる。満足は、諸資源の増大（同化）または必要の低レベル（アパシー）に起因するのであろう。

そうしてみると政治意識とは、封建的システムからより複雑な社会形態への社会の発展、または1人の人間のライフサイクルの発展における、アパシーと同化との中間にあるもの、すなわち1つの窓と見ることができる。

そして同化は、アパシー──望むらくはより高い段階における──の新しい形態に至るかもしれない。こうしてこのダイアグラムは円環またはラセン状に

繰り返し適用可能となる。ここで明らかな仮説は、UUグループはアパシーの状態にある。同化の段階はTTグループに典型的である。UTそしてTUグループは、移動性およびイノヴェーションが何らかの形で阻止されているか、またはミクロ・レベルで破壊的活動に従事しているかである。このことから政治意識が保証されているのは、決然たる政治的イノヴェーターのごく少数者およびTUグループ出身の革命家だけである。問題は彼らが自分達に加わるようどれだけの人々を説得できるかである。

こうして今や反革命戦略とはどのようなものかがやや明らかとなる。すなわち分離的戦略は、専ら大衆をアパシーの状態に保存しておくことからなり、それに対応する結合的戦略は、大衆を同化の状態に置くことである。古典的な経済発展は、分権的・結合的なジョイント戦略と適合的である。たとえば、急速な産業化によってTTグループはアパシー状態にある大衆を直接にアパシーから同化の段階へと導くことができる。それによって、極度に搾取されている土地労働者を労働組合化した産業的小市民に転化させることができる。彼らは様々な取引手段を利用し、それまで経験しなかったレベルの大きな満足を、現存の構造から搾り出すことができるのである。しかし、TTグループにとっての危険は、もちろん、この過程において都市周辺にスラムが形成されることであり、準雇用の条件、および社会秩序のワーキングがそれ以前よりも遠方の地方から目の当りにする状況が作られることである。こうした状況では、完全なアパシーも完全な同化もあり得ない——しかも政治意識のための1つの構造的条件がそこにはある。

しかし強調すべきは、政治意識に関するこの理論は、再び、UUグループだけではなく、同様に不均衡状態にあるグループにも関わることである。前節で紹介されたランク-不均衡理論では、政治意識に関しては全く何の仮定も置かれていない。ただ仮説が提出されただけである。反対に、政治的イノヴェーションおよび革命的行動はきわめて低いレベルの政治意識と両立するかもしれない。そうした政治的活動は個々人により行われる。それにはそれなりのやりがいがあるからだ。たとえば、欲求不満をもつ彼の感性に適合する社会的雰囲気がある。しかし、この活動を変革のための道具として見ることは第一義的で

はない。換言すれば、われわれは政治意識を論理的に独立した次元として見る。すなわち、政治行動に適合するか否かにかかわらず、1つの態度として見るのだ。しかし、適合しているなら、政治意識は政治的活動の効率を著しく強めるであろうと信じることは合理的である。

　ゆえにこれに関する革命的戦略は明らかである。政治意識はほとんど確実にもっとも容易にTUグループにおいて発達するであろう。革命的戦略の最初の仕事は、彼らに同化のメカニズムを知らせることである（ランク‐不均衡は彼らからアパシーを振り落したとわれわれは想定する）。第二は、アパシー状態にある大衆を教育し、彼らを政治意識化させることである。ただし彼らを現状の構造に同化させないよう注意しながら。このことは現在の構造への嫌悪を彼らにもたせることで通常は達せられる。さらに良い方法は彼らにオルタナティブな活動を与えるである。ここでゲリラ活動が視野に入って来るだろう。ゲリラの天才とは、活動は単に現存の体制の転覆を目指してはならないことを理解している人のことである。また参加者に構造によって与えられた機会に対して社会的・政治的活動のオルタナティブな形態を提起する人である。しかし、アパシー状態にある大衆の意識を動かすだけでは不十分である。不可欠なものはまさに革命的戦略である。同化されたまたは準同化された個々人を現存構造から引き離し、より政治的に意識化させることである。この点においてランク‐不均衡理論が重要になる。最も容易に分離可能な要因は、おそらくはまさにランク‐不均衡された人々に相違ないからだ。たとえば、十分に同化され、近年そのライフチャンスが著しく向上した工業労働者は、そうであるとは言えない。[29]

　この簡単なパラダイムは、ゲリラ活動の一般的理解にいくらかの鍵を与える。ある意味において困難の在り処は明らかである。農村で発動されたゲリラ活動は、アパシーに起因して政治意識がほとんど皆無であるという困難に直面するだろう。他方、都市で発動されたゲリラ活動は、同化に起因して政治意識がほとんど皆無であるという困難に直面するだろう。もし反革命勢力が成功するならば、アパシーと同化の間には窓が皆無になってしまう。実際、そこには「負の窓」があるかもしれない。そこでは同化されたメンバーもそれによってアパシー状態に陥ってしまう（逆もまた同じ）。一般的なアイデアは次のよう

だ。ゲリラが「泳ぐ」ことのできる最良の「海」とは、そこには正の窓があり、人々はアパシーから同化への移行過程において捕まり、革命的目標に十全に利用され得る場である。

　一般的に、こうしたことが行われるのは都市においてだろうか、それとも農村においてだろうか。これに対する確たる回答はありそうにない。それは、その国、その状況による。伝統的な共産党——本当の意味で革命的活動というよりむしろ工業プロレタリアートの同化の道具としての——に対するよく聞かれる非難は、同時に工業労働者および都市に対する非難である。この１つの理由は、革命の潜在力を農村に求めようとしてきたからであった。しかしこのことは、完全なアパシーから脱出するのに十分な、社会的・経済的な発展のある水準をともなう農村人口を前提とする。もしこれが政治的意識の見つかる場であるすれば、そこはゲリラ活動が最も容易に根付く場でもあろう。もしそうでなければ、他を探さなければならない。１つのはっきりした可能性は、都市におけるランク－不均衡に陥った若者と知識人、とりわけ若い知識人であろう。中国およびキューバにおける革命がいかに農村ベースのものであったにしても、こうしたキューバの諸要因もまた基本的であったことを否定することはできないであろう。

(4) 負け組の相互作用

　われわれは今やアクターから相互関係のネットワークに移ろう。そして、封建的構造の様相の１つは下層部のアトム化または非結合化だから、反革命の主要な戦略は、この非結合を保存・維持することであるのは言うまでもない。この戦略は分離的であり、単純に現状を維持し、負け組を相互に切り離し、それを信頼性のある勝ち組に結び付け——労働者を作業長に、女性を夫に、子供を両親に、小作人を地主に、学生を教授に、等々——このため入手し得るあらゆるテクニックを利用する。

　大雑把に言えば、これらのテクニックは２つに分けることができる。空間的および社会的である。空間的テクニックには２つの種類がある。負け組は単に地理的距離によって、または地理的障害物によって分離しておくことができ

109

る。こうしてローデシアのように、白人植民者の地域での農場は素晴らしい車道によって結びつけられているものの、農場の背後にある小さな村に住む「現地人」は、川、沼、山脈、ジャングルによって相互に分断されている。これは可能な限り単純な方式と言えよう。単純に道がなく、少なくとも直接的な道がなく、負け組同士の交通は勝ち組の住む場所を通らなくてはならないため、彼らによる十分な管理下に置かれることになる。道があったとしても、地理的な距離のため、そして／または交通コストが禁止的に高い——もし移動が保証されていたなら、より多くの第一次的ニーズから得られたであろう満足を脅かすほど——ために、彼等は分断されたままに置かれることであろう。実際のところ、都市の立地に関する地理的理論は、いかに相互作用が都市に集中しているか、地方都市——小規模な場所は言うまでもなく——が距離的障害物によっていかに分離されているかに関して、多くを語っている。換言すれば、中心から四方に拡がる道路のネットワークは封建的社会構造の典型であり、それ自身が反革命的戦略なのである。

　社会的テクニックにも２つの種類がある。内部化と制度化である。前者のケースでは、外的な力によって強制されるのではなく、内部の価値によって負け組は負け組を避ける——ユダヤ人の間の「自己嫌悪」の要素のように。人は、勝ち組と共に見られる方が、彼の属する負け組と共に見られるよりも良いとか、他の負け組は愚鈍で共に活動するのに値しない等々といった感情があるのだ。（女性の間では、他の女性との直接のコミュニケーションよりも、それぞれの夫を介してのコミュニケーションを好むことが、非常にしばしば見られる。）

　しかしながら、空間的メカニズムそして内部化された社会メカニズムの両方共が瓦解するか、あるいは十分に発展しないならば、負け組の相互作用の回避のため、単純な強制の可能性がつねにそこにはある。５人以上の者がグループになって街路で会うことを禁止する夜間外出禁止令はこの劇的な具体例である。しかしもっと良い例は、旅行の制限、内外パスポートの規制、あるいは負け組をきわめて制限された地域に縛っておく奴隷プランテーションの極端な形態等に見られる。

　この構造に対して闘うための革命的戦略とは何かの明確なイメージをもつこ

4 革命の構造的理論

図4 アクターの組の関数としての相互関係の強度

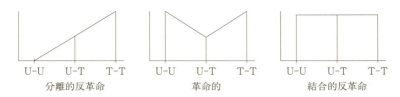

とはきわめて重要である。革命主義者は勝ち組の相互作用の高度なレベルに関して何もすることはできないから、彼らは負け組の相互作用に働きかけ、それをできるだけ高く持ち上げ、できれば勝ち組の相互作用よりもいっそう高く持ち上げなければならない。この典型的な例は今日の大学において見ることができる。そこでは非常にしばしば、教授間よりも学生間の方により多くの相互作用が見られる。こうしたことは工業プラントでもある。さらに世代間システムにおいては、親よりも若者がしばしば相互作用を行っている。実際、他の教授や他の親に関する情報の重要なソースは、両者の語ることを聴く学生を通して、そして両親の家の内外を出入りする息子や娘を通してなのである。

　これに対する反革命的戦略は、些細ではあるものの、今日の革命に関わっておそらくとりわけ重要であろう。そうした戦略は、いかなる相互作用も減少させることなく、勝ち組と負け組の間の失われたタイプの相互作用を増大させ、負け組の相互作用エネルギーを全体の構造へ汲み上げようとする。

　これまで議論してきた3つのタイプの相互作用の型を図式的に図4に示そう。

　革命的戦略は通常、比較的に対等なグループ間では分極化されているか分極化するものである。他方、反革命的戦略は、対等でない当事者間において高度に分極化するか、対等なグループ間においては脱分極化する。後者の場合、革命的状況が「あまり遠くまで」行ってしまう前に、管理者が「彼の」労働者と、教授が「彼の」学生と、両親が「彼の」子供と真剣に話し合いを始める。もちろん、結合的戦略が活動へともたらされるためには、革命はすでに相当遠くまで進んでいなくてはならない。革命的戦略は、反革命的な結合的戦略にとっての活性剤である。2つの反革命的戦略の間には直接的な移行はない。負け組はこ

111

のタイプの相互作用には十分に訓練されていないからだ。一般的に革命グループは２つのものを手に入れなければならない。負け組レベルにおけるより多くの相互作用——結合的である——と、負け組と勝ち組との間におけるより少ない相互作用——分離的である——とである。現状維持グループにも２つの可能性がある。前者（結合的）または後者（分離的）の回避である。明らかに両グループは彼らの戦略を結びつけ、相互作用のネットワークそのものを最重要な革命の場にするのだ。

(5) 制度化された相互作用

　革命的または反革命的方向において一定のインパクトをもつためには、ある種の組織が必要である。同じあるいは類似のイデオロギーをもつ人々は提携して行動しなければならない。人々は寄せ集められ、彼らの行為は統合され、一般的に彼らの相互作用の潜勢力は相互に整列させられねばならない。

　こうしたことは、あらかじめ人々を結びつける相互作用のネットワークという形で組織的な基盤がすでに存在するとき、最も容易に行われることは言うまでもない。こうした行動間のネットワークはあらゆる社会において実際に存在する。それは仕事（work）という概念の周囲に作られており、多少とも合理的な、多少とも搾取的なレベルにおいて、究極的には生産的である交換のパターンの中に人々を結合させる。こうして原理的に人がするべきすべては、仕事の組織において通常の参加の効力により相互作用のもとにすでに結びつけられている人々を集合させることであり、それを革命的または反革命的な結社または党と名づけ、一撃または反撃を発動させることである。

　しかしながら、周知のごとく物事はそう簡単ではない。一般的に知られている、そして特殊的には資本制社会（あるいはキューバや中国をその可能な例外とする近代的産業社会[30]）において知られている仕事をめぐる諸関係は、革命的行動の基盤に対してとりわけ不適合な構造的特性をもっている。かくして、相互関係の一般的定式は封建的（feudal）である。すなわち、最上層には多くの水平的相互関係があり、上層から下層へは多くの垂直的相互関係があり、低層部には水平的相互関係はほとんど見られない。「労働者」（Workers）には労役と指図が与

えられる。これらの指図はきわめて単純または特殊であり、いずれにしてもそれらは負け組のレベルにおいて複雑な相互作用を必要とせず、少なくとも創造的なものではない。

この一般的な傾向は、人が1工場の1部門内部での関係から、異なる部門間の相互作用へ、さらに異なる工場間の相互作用へ、そして最終的に全体社会の異なる経済セクター間における仕事の組織間の相互作用へと移動するにつれ、いっそう著しいものとなる。同じ造船所で労働者間のグループワークやチームワークといったパターンはあるかもしれない。しかし彼らは同じ造船所で、事務労働者と制度的な相互作用を非常に多くもつということは、一般的にはない。他の造船所の労働者との間にはなおのことあり得ない（トップレベルにおいて何か協同組合的な協定が結ばれている場合を除いて）。トランジスターラジオの製造工場の労働者との間にはさらにあり得ない。彼らと農夫または学生や主婦間との相互作用がいかに少ないかは言うまでもない。

ここでの強調点は、制度化された相互作用である。結社の自由のある社会においては、誰もが結社を形成することができる。しかし、日常的に機能する相互関係の回路における常なるコンタクトは、そうした回路を開いておくための余分な努力を不要にするのに、かなり大きな力を発揮すると言えよう[31]。

ここでの一般的結論は、相互作用の封建的パターンの安定化を強化する仕方で、仕事は立ち上げられる傾向があるようだ、ということである——上層間の、そして上層から下層への相互作用において。しかし下層間には相互作用はほとんどない。しかしながら、これは必ずしも決定的ではないことが議論されるべきであろう。身分（statuses）間の制度化された相互作用において欠けているものは、人々（persons）間の相互作用によって取り戻すことができる——もし人々が身分間でローテーションが許されるとするならば。そしてここで分業原理（division of labor principle）が問題になる。労働は身分間で分割されるだけではなく、人々間でも分割される。もし人が彼の一生を通じて多少とも同じ職業に就くことになっているのであれば、ローテンションがもたらす組織的潜在力は、もちろん相当に減殺される。加えて、日本におけるように、彼が一生を通じて同じ組織にいることになっているのであれば、その組織内での社会的移

動が彼に許されるにしても、相互作用の潜在的可能性は零にまで減殺される。

　封建的な仕事のパターンおよび分業に起因する相互作用を抜本的に削減することは、特殊的にはとりわけ資本制社会に、一般的には産業化社会に見られるように、労働組合の形成である。しかし、こうしたすべての活動は特別のステップ、コスト、エネルギーを必要とする。会合が開催されなければならない。そうした会合は出席されなければならない。些細なメッセージ・小さな覚書も、多かれ少なかれともかく日常的に相互作用——それがいかなるものであれ——せざるを得ない他の人に、決して渡すことはできない。それどころか、特別委員会（ad hoc meeting）が組織されなければならないのだ。こうして、社会は次のような方法で立ち上げられる。結社の形成が求められる社会の下層に降りれば降りるほど、より高いコストがかかる。コストが高いだけではなく、それを支払う能力はより低くなる。貧者はより少なくもつだけでなく、より多く支払わなければならない。

　ここでの重要点は、前節で述べたように、通常それ自身を提示するところの社会秩序は、すでにそれ自身において、そしてそれ自身によって反革命的戦略である、ということだ。さらにそれは、高度に分離的戦略である。TTグループにとって、最も簡単な戦略は、社会的階梯を下がるほど仕事の機能がアトム化されることに注意しつつ、専ら構造を永続化させることだ。組立てラインはこうしたことの実現のための１方法である。単純化・日常業務化・部分的に自動化された仕事は、もう１つの方法である。基本的なアイデアは、集団的な仕事の組織を回避し、高度に分散化・個別化された仕事のパターンを強化することである。これが非合理的な仕事のパターンと見なされるところでは、少なくとも職業上の境界線を横断することは許されない。こうして、金属労働者は協力するものの、彼らが同じ工場の事務労働者と直接に協力することは許されない。生産的なそして管理的な部門は組織上層にのみ集められる。そしてこのことは普通に行われている。

　こうした観点に立つと、ある種の革命的同盟に学生と労働者を団結させようとする現在の試みを追跡する者は誰でも、現代社会は反革命の砦としていかにうまく機能するかを感得するであろう。（制度化された）構造によって分離され

ているものは、（制度化されていない）自発的な結社によっては容易には結合され得ない。もちろん助けとはなる——文化上または一般的生活方法上の類似性があるならば。[32] しかし、そうした要素が欠けているならば、理想主義や犠牲的精神はもちろんのこと、きわめて高度な政治意識および共有されたイデオロギーが必要となる。ランク‐不均衡のエリートおよび政治意識の高い大衆——いかなる革命であれその主要な2つの大黒柱——は通常、制度的な相互作用のもとにはないからである。

　こうしたことすべてにかかわらず、革命的戦略は同様の考え方をする人々を結合体——それが政党と呼ばれるかどうかにかかわらず——として結び付けることである。しかしこれは古典的な戦略である。より近代的な方法は、構造を変えることであろう。革命的闘争のための潜在的可能性に転化されうるような、少なくともいくつかの制度化されたコンタクトを、社会に構築するのだ。これが促進される1つの方法は、ローテーションという手段によるものである。たとえば、学生を長期間（夏休みの間だけではなく）、農夫、ブルーカラー労働者、ホワイトカラー労働者の仕事に従事させることである。逆もまた同じ。これよりさらに重要なことは、習慣的に見出されるよりも制度化された相互作用がもたらされるように、社会における本当の意味での変化である。しかしこれは、革命への道の1ステップではなく、それ自身が革命であろう。

　これに対応する結合的な反革命的戦略とはどういうものか。前段から明らかなように、そうした戦略は、出現しつつある構造を脱分極化することにある——制度化された相互作用の新しいパターンをさらに強めることによって。しかし今度は、反革命的グループと共に、である。こうしてもし学生が、教授と「資本家」間との繋がりよりさらに良好に、ブルーカラー労働者と繋がれば、明らかな戦略は、保守的な教授と労働者間（工場での講義、労働者大学の設立、大学での夜間講座、大学入学の敷居を低める等によって）、あるいは資本家と学生間（直接雇用の仕組み、雇用相談、就職説明会等によって）のずっと良好な制度化された繋がりを促進することであろう。換言すれば、相互作用の構造におけるギャップを埋めることにより可能な限り流動的かつ完璧に脱分極化し、そうすることで、闘争を晶出させる中心となる分極化のくっきりした境界を防止する

のである。こうした戦略は、前段のそれと形式的には同じである。しかしそこでは、負け組を結びつけ、彼らの独立を高めるために勝ち組との繋がりを絶つことに重点があった。ここでは重点は、同じく政治的信念をもつ人々の間の制度化された繋がりに置かれるのである。

(6) 変革志向のイデオロギー

われわれは今や純粋に構造的な要因——「導入」において述べられた社会秩序のイメージから多かれ少なかれ演繹された——から、より非構造的な要因へと転じることにしよう。その中で最も主要なものはイデオロギーの役割である。それは本質的に次の3つの要素をもった思考の総体であるとわれわれは考える。[33]

　　——望ましい未来のイメージへと導く価値（a）
　　——拒否された現在のイメージへと導くデータ（b）
　　——現在から未来へいかにして前進するかについての仮説（c）

これら3つのイデオロギーの部分はもちろん相互に関連している。価値は現在を評価するのに利用される。仮説は部分的にデータに基づいているし、部分的に価値に基づいてもいる、等々。

人は今や大いに異なるイデオロギー、またはこれら3部分のどこに相対的な重点を置くかによって大いに異なるイデオロギーのスタイルを得ることができる。重点が単に最後の部分［c］に置かれるならば、結果は多かれ少なかれ政党のための伝統的なプログラムである。そこには「綱領」（programs）があるだけで、明確なイメージや鋭い拒否はない。重点が単に最初の部分［a］、すなわち未来のイメージに置かれるならば、結果は1つのビジョン、1つのユートピアにすぎない。そして重点が単に第2の部分［b］に置かれるならば、これはしばしば革命的イデオロギーに見られるものであり、結果は単に社会批判である。それは否定的な感情を晶出させ、破壊的なエネルギーを発動させるのにきわめてよく役立つ。しかし、新しい社会の形成には役立たない。

4 革命の構造的理論

このすべてにおいて社会諸科学の役割は何か。経験諸科学としてそれらは
データと理論との関連に関心をもち、ゆえに、いかなるイデオロギーであれ
(b)の部分に素材を与えることにきわめて有用であろう。社会諸科学の仕事は
社会を透明にすることである。社会がどう機能するかを明らかにし、どのグ
ループもその他のグループには知られていない社会の意匠や仕組みに関する知
識を持たないようにするのだ。このことが実効的であるためには、社会科学の
研究だけでは不十分であり、社会秩序におけるすべての人にアクセス可能な報
告のスタイルが必要となる。

しかし(a)や(c)のイデオロギーの他の側面はどうか。ここでは一般に理解
されている意味での社会科学は実効性をあまりもっていない。イデオロギーの
これら2つの部分はデータと結びついていないため、経験的ではないからであ
る。こうしたことをわれわれは社会科学──イデオロギーではなく──の不十
分な点と考える。しかし、このテーマについてはさらに立ち入ることはせず、
以上にとどめよう。

イデオロギー的思考の3つの構成部分の社会的分布は今やきわめて重要であ
る。言うまでもなく、TTグループは一般的に現状を受け入れ、比較的詳細な
プログラムとともに大きく変わらない未来のイメージをもつ。彼らがなぜ具体
的なステップやプログラムの関連において考えるかの理由は、彼らはシステム
の支配者であり、また状況の定義者であって、こうした能力において、より幸
運でないまたは特権的でない個人の視野からは隠されている可能性を見ること
ができるからである。彼らは典型的に漸進主義者である。[34] 彼らは小さなステッ
プの関連において考え、そしてステップは小さいから、彼らの漸進主義は現状
維持主義に堕する。

スペクトルの他端には、われわれは革命志向のTUグループおよび政治的意
識に目覚めたUUグループを見出すであろう。現在の拒否を強調することにお
いて彼らはイデオロギー的に連帯するであろう。TUグループは相対的に具体
的な未来のイメージに価値を結晶させるであろう。そしてそれをUUグループ
に伝搬させるであろう。しかし両グループ共力の行使に関して去勢されている
から、彼らが具体的なステップを考えるのは難しい。現在と未来は高度に不連

117

続である。彼らは一方から他方に通じる道を簡単には見出せない。しかも彼らはTTグループに関して変身は不可能であり、基本的に不変であり、さらには交流不能とさえ考えているのだ。

これら2つの不連続——イメージ間の、および既存のそして浮上中の勢力グループ間の——は、彼らの精神において今や一致し、革命的イデオロギーのためのベースを構築する。全く新しいグループが権力に就かなければならない。そしてこの全く新しいグループが全く新しい社会秩序のために働かなければならない。このようにしてのみ現在の拒否は完全なものとなる。現在の条件（過去の考え得る最も悪い条件から派生した）を良くしようとする努力は運命づけられている。完全に新しい構造のみが全く新しい人間によって発せられた全く新しい質問に満足できる回答をなし得るのだ。典型的な革命的イデオロギーは次のような組成からなるとわれわれは想定できよう。すなわち、(a)10-15% (b)20-90% (c)0-10%である。しかしながらこの最後の部分は、現在と未来間の困難な領域を描き出す海図からではなく、革命的指令、すなわち現在の体制をいかに転覆させるかについての社会的アプローチから構成されるであろう。

他方において、革命的イデオロギーの主要な機能は、そこに至る道を示す約束された土地への地図としてではなく、社会秩序の高度に異なるメンバーがそのまわりに集まる横断幕として役立つことである。イデオロギーはコミュニ・ケーションの媒体である。感情表現の1つの言語であり、TUグループや同じくUUグループの政治意識の高いメンバーが同じく思想や感情を停泊させるのに十分な表現力をもつ1つの言語である。もちろんグループの一体化のために。こうしたイデオロギー的なシンボルはイデオロギー (b) の部分からとることができよう。たとえば、ラテン・アメリカで一般的な反ヤンキー (anti-yanqui) のスローガンである。あるいは、文化革命からスローガンが引き出されるときのように、スローガンがイデオロギーの最初の部分(a)からとられることもまれにはある。合意は、はるか遠い未来の詳細な叙述からよりも、悲惨な現在の拒否からの方がずっと集まりやすいから、さらには未来の叙述の方がずっと難しいから、革命的イデオロギーは上に示したような分布をもつ傾向があるのだ。

４　革命の構造的理論

　反革命的戦略は比較的に明白である。それがどのようであれ、こうしたイデオロギー的要素の抑圧からなる単純な分離的戦略がある。その手段は、マスコミュニケーション・メディア（印刷機、ラジオ／テレビ局、謄写印刷機）の統制、検閲、逮捕、拷問など通常のテクニックによる。こうした方法から多くが得られる。しかしそれは、システムが外部から比較的に孤立し、人々が比較的に文盲のときに限られる。大衆教育が事実となり、トランジスターラジオが十分に普及すれば、長い目で見ればイデオロギーの形成の抑圧は困難である。

　こうした場合、反革命戦略は、おそらく典型的な結合的回答の中に見出せよう。革命的イデオロギーを子細に観察し、可能な限り体制のイデオロギー中に組み込むのである。これは次のようにすると可能である。まず、正反対のパーティー（政党）の形成を奨励する。さらにそれらのパーティーにイデオロギーの（a）および（b）をさらに展開するよう奨励する。そして、お好みによって（a la carte）選択できるようにし、十分な数のアイデアを拾い、それらと体制のイデオロギー中の既存の要素とを折衷するのだ。目的は明白である。UUグループの大多数に、彼らが擁護する方策がすでに十分な審議に付され適切な形で間もなく実現することを確信させる。革命的なグループの帆から風を奪うのである。

　（議会制）民主主義は、相当な程度にまで、まさにこのように動く——高度に矛盾した諸々のイデオロギーから諸要素を抽出・消化し、実際に実行し得る折衷的な妥協案を作り出すマシーンとして。これは確かに理論的な可能性以上のものである。そして、同様に明白な革命的対抗戦略は、そこから何も取り出せないように、いかなる未来の青写真を公に公開しないことである。この戦略の困難性は、革命的戦略は上述の（a）および（b）を共に零（0）にはできないことである。未来の明示的なイメージは、（a）が仮に零であっても、現在の拒否において強調される諸要素から推測可能である。これは体制のプログラムに転化し得る。たとえば米国政府が、現在の学生や黒人の反抗、そして環境意識に関して行おうとしていることである。[35] これに対する対抗戦略は再びイデオロギーのすべての部分を秘密にすることである。その場合、革命グループはテロリスト組織のように動かなければならなくなる。しかし通常、このような組織は広範にわたる支援を得ることができない。そのためある最小限のいくつかの要素

119

は公にしなければならない。それは、特にコミュニケーションの媒体に最もよく適合し、体制が吸収するのに最も困難な諸要素である。

事実、未来に関する具体的な青写真を作ることに反対するいくつかの議論がある。こうしてまず、革命が来て現存システムが破壊されれば、誰も次に何が起こるか知らない。誰も知る必要がない。これは人間の歴史の変わり目になる。そこでは、大衆は先入見から制約されずに行動する。そうなれば彼らは初めて自由であることができ、未来のイメージからも過去および現在からも制約を受けない。

さらに、事前に考えられた青写真の使用は、現在の社会秩序の思考方法によってあまりにも色付けされていよう。その秩序がどう否定されようと、人々はそうした秩序の産物だから、彼らはいくらか外挿するにすぎないからだ。ひとたび革命状況が起れば、そうした青写真は無意味になってしまう。そして最後に、いかなる青写真であれ部分的に敵側に取り込まれてしまうだろう。そしてそれは、敵側が分離的な戦略がもはや十分でないと感じるとき、きわめて正確な認識に違いない。

(7) カリスマ的リーダー

われわれは変革志向のイデオロギーの重要性、革命的行動を動機づけ組織するためのいくつかの条件について論じた。しかし言うまでもなく、それにはリーダーが必要であり、そのリーダーは「カリスマ的」でなければならない（それはほとんどトートロジーだから）。しかしこれは「カリスマ的リーダーとは何か」、そして革命的または反革命的グループに利用され得るカリスマ的リーダーの出現を促すあるいは妨げる構造的な条件は何か、という問いを回避することにほかならない。

本来の意味において、カリスマ的リーダーとは剰余（surplus）のカテゴリーである。リーダーをどうカテゴリー化すればいいのか他の方法が見つからないとき、人は彼をそう呼ぼうとする。しかし、この種の人格をあたかも何か無から出現するように考えるのは、全く生産的ではなく、哲学的にはきわめて観念的である。他の誰もそれを考えつかない状況下において、いくつかの好ましい

諸条件からカリスマ的リーダーが革命を作り出すということは、おそらく本当だろう。しかし、革命がカリスマ的リーダーを作り出す、というほうがより本当であるに違いない（しばしばそうであるという意味において）。換言すれば、もし「機が熟していたならば」、われわれの語彙では、もし十分に上述の諸要素のいくつかが満たされていたなら、そのときにはリーダーとしての地位はすでに人々の精神の中で明示的に創造されていただろう。社会学的に言えば、これは空虚な地位である。占有者はいないし、前任者もいない。おそらくは知名の後継者もいないに違いない。しかし、それが要求されそしてしかるべき人物により占められるとき、遂行するべき準備ができている期待の集合としての地位が、現実性に乏しいとは言えない。それが意味するのは、その地位を満たすのは誰であるか明白ではないことにすぎない。合意された資格などあり得ない。またその人物を選ぶために選ばれた人々もいない。換言すれば、その人物は自分で自分を選ばなければならない。そしてその資格が適切であることを人々に説得しなければならない。これらの3条件（前もって存在する期待、自らの基準を押し付ける人物、そしてその人格）は、いかなるカリスマ的リーダーであれ、説明するべき要件であろう。

　しかしながら、自身の資格を選べるほどカリスマ的リーダーは完全には自由でない。言うまでもなく、彼はイデオロギーを唱えなければならない。さもなければ、創り出さなければならない。さらに彼は、革命的活動において主要な役割を演じるグループを、彼自身が身をもって体現しなければならない。通常ではなく恒に、彼はTUグループ出身でなければならず、また彼自身が、グループが被っているランク–不均衡の人格化でなければならない。カリスマ的リーダーは、単に彼自身を語るだけではなく、グループそのものであるべきなのだ。そして彼に寄せられる期待の1つは、彼が指導者たちに期待の新たなパターンを課すことである。にもかかわらず彼が見出すのは、自分は既存の期待の網の目に囚われ、自由からほど遠いことである。

　以上から、2つの反革命的戦略がどのようであるかは明白である。単にこのような個人が出現したのであれば分離的戦略は彼を抹殺することである。抹殺は、殺害、傷害、投獄、その他拘禁などの物理的な手段で行われるとは限らな

い。その人物の隔離、嘲笑、スキャンダル化、追放（これはむしろ物理的手段と見なされるかもしれない）など社会的関連において行われ得る。

　しかし、これは舞台上の遅すぎる介入かもしれない。カリスマ的リーダーがすでに出現していたなら、彼が逮捕され、拘留され、あるいは (a fortiori) 殺されたその瞬間に、殉教者が創り出されていたであろう。ここから基本的な点は、その他の諸条件が満たされるのを避けるか妨害するかによって、期待が形成されることは回避されるべきだということである。今日の国際システムの緊密な統合を前に、革命的指導者のそうした思想、空虚な地位はどこにでも存在するであろう。そしてそれは地域の宗教的な信念システムにおける救世主的観念としばしば結びつくであろう。

　結合的な戦略も同様に明白である。カリスマ的リーダーの出現のサインが現れるや否や、誰であれその地位の候補者として選出するのだ——TU の人々・意識的な大衆と同じく彼を同化するために。すると積極的な計画の項目も同化されるだろう。ここではタイミングがおそらくきわめて重要であろう。選出するのに徒に時間を浪費すると、リーダーはすでに塹壕で固められているであろう——追随者の意識の中でなくても、少なくとも彼自身に意識において。彼は鍛えられ、リーダーとしての価値はすでに高く設定されたと感じるだろう。こうして見え透いた諸要求に屈伏するのは屈辱的であり、一般的にこうした誘惑には寄りつきにくいと感じるだろう。とりわけ彼は革命の成功を現実的な可能性として見るに相違ない。ランク - 不均衡の人間を取り込む一般理論がここで適用されるべきである。しかし人は、強固に結晶化した人格と対処しなければならないから、それだけに多くの困難が表明されているのだ。[37]

(8) 欲求不満化した期待

　期待が欲求不満化するには、まずはそもそも期待を抱くこと、それに加えて期待が高まることにいくらかの理由がなければならない。そうした理由は通常、生活水準の向上または生活上のチャンスの増大のパターンに見出すことができる。カーブの水平化または下降があるとき、さらにはわずかでも成長率の低下があるときに、欲求不満が関心事となってくる。精神的な期待は、おそら

く成長そのものと同じ程度に成長率とリンクしているからである。

換言すれば、下に向かういかなる凹カーブも、われわれが接線方向または上に向かう凹カーブに沿って延びる期待を予測するから、欲求不満に導くであろう。

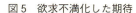

図5 欲求不満化した期待

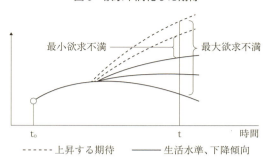

こうした期待は、全体としての社会を痛撃するものの、社会の他の部分においてよりもあるコーナーにおいて社会をいっそう不安定化させる[38]。こうして経済的にそして政治的に権力の座にあるTTグループは、欲求不満の害のより大きいインパクトを食い止めることができよう。そうしたインパクトを社会秩序の他の部分に向ける力を彼らはもっているからである。しかし欲求不満は、ランク－不均衡にあるエリートに最も重くのしかかるであろう。欲求不満は社会秩序をより柔軟性のないものとし、ランク－不均衡のエリートにとっていっそう融通のきかないものとなるからである。すでに目標に達したTTグループは、移動から何かを得ようと変化を求めているのではないから、より硬化した社会秩序にそれほど大きな問題性を付与しない。しかし自分または他の者のために何らかの変化に関心をもつ者にとっては、より固化した社会秩序はシステムをいっそう硬直的にし、外へのはけ口の数を少なくするのである。具体的に言ってしまえば、景気後退または経済不況のシステムが、社会的移動性のより少ない可能性、地理的移動性のより少ない可能性、経済的・文化的・科学的・政治的イノヴェーションのより少ない可能性をもたらすであろう。ゆえに同化の可能性は減少し、破壊的なオルタナティブが残るだけである。このことは政治的に意識の高い負け組にも適用される。かつてそこには経済的拡張へのいくらかの余地や同化があったものの、今ではほとんど残っていない。

現在の拒否に重点を置くイデオロギーはもちろん、社会的・経済的後退の記述を捕獲する受容器として機能し、それを「典型的」と説明し、欲求不満を憤

りに変える。後退は何かたまたま起こった事故ではなく、社会秩序の性質に照らして本質的であり、そのような秩序の完全な変革のほかには何物も、こうした事象に対して将来の安全をメンバーに提供できないということは、もちろんイデオロギー的に重要である。カリスマ的指導者は、誰の心の中にもある何か具体的なことに関する感情を表現する媒体として彼の言語能力を利用できるから、こうした機会のもとで彼の大きなチャンスを自分のものとできよう。また、全体としての社会が脅威を受けている場において、行動を組織するために自然的欲求を利用できよう。彼は実際、単に徒党の指導者ではなく国家の指導者として出現するため、こうした状況を利用するであろう。そして彼は国家の大義と徒党の大義を連携させるため、自分の地位を利用するであろう。

　この場合、分離的な反革命的戦略は期待を回避することであり、結合的な反革命戦略は欲求不満を回避することである。第一の戦略は、完全に静態的な社会秩序に導く。そこではコトの変化がなく、変化のイデオロギーがなく、ゆえに観察した変化に基づいて期待が高まっていくことはないから（しかし、おそらく輸入されたイデオロギーに基づく多少の影響はあるかもしれない）、欲求不満もない。このような社会での子供は、先祖の生活のほとんど完全な繰り返しと言う意味において、動物のような生活を送るであろう。先祖が獲得した経験はここでの問題に100％適合するから、家族内での社会化は社会への社会化として十分であり、さらには外部の影響に対する防護の盾としても機能する。家族はミクロ・レベルにおいて封建的構造として営まれるゆえに、社会秩序の1つのモデルとして機能し得る。子供たちは、システム相同の原理に基づいて、成人後そこに参入するのである。

　第二の戦略は社会を恒常的な変革に導く。後退は許されない。それが生じる時点での社会経済的発展のレベルがどうであるかに関係なく、いかなる後退であれ、上に示唆されている効果をもたらすからだ。この種の社会秩序では、それが欲求不満を避ける唯一の方法だから、成長がそれ自身の権利において目標となる。成長はどこに導くかを問うことは、意見の相違を白日のもとに曝すことになるため、あまり意味がない。近代資本主義諸社会はもちろんこうした社会秩序の好例である。それらは成長そして成長そして成長の著しい能力を示し

てきた——ただし、統計が示しているように、社会構造の意味のある変化なし
に。すなわち、高度成長はしたものの、所得のばらつきはコンスタント、また
は拡大さえしているのだ。ケーキをどのように分けるべきかの問題、さらには
言うまでもなくケーキの分け方を誰が決めるのかの問題は、ケーキの成長それ
自身に専ら言及することで、無期限に先送りされてきた。曰く、分配のパター
ンを変える時は「未だ」到来しない、ケーキ自体が「未だ」十分に大きくない、
時間は「未だ」熟していない。

　明らかにこの第二の結合的戦略は高価かつ危険である。それは経済的にも心
理的にもインフレ効果をもたらすだろう。そして後者（心理的インフレ効果）
は、結局のところ、同化および成長を通じての同化だけではなく、成長概念そ
のものも、全面的に棄却されることになろう。成長概念の棄却は、近年すでに
見られるところである。

(9) 突発的事象

　革命はいかにして起こるかに関して、ここに紹介されているイメージを鮮明
にするため、火薬のメタファーが使えるだろう。古典的な火薬の基本的な要素
は、イオウ、炭素、硝酸塩である。しかし、これでは不十分である。それらの
諸要素が十分に寄せ集められ、物質的な化合物に緊密に結合されねばならな
い。接触と結合とのアイデアは、この革命理論においては、負け組間の相互作
用および制度化された相互作用に対応する。そして突発的事象は、明らかに、
火薬から爆発がどうして起こるか、すなわち一撃——ハンマーに起因しようが
撃鉄に起因しようが——に対応する。

　その「突発的事象」はイデオロギー的に適切でなければならない。それは「典
型的」かつ「啓示的」であるとして、イデオロギー的な枠組みに容易に適合し得
るものでなければならない。それは偶然的でなく本質的でなければならない。
表立ったドラマ的かつ慎重な分離的反革命戦略が、こうした文脈に容易に一体
化され得るから、役立つであろう。しかし注意すべきは、ここにリスト化され
た多くの反革命的戦略は、結合的であれ分離的であれ、より多く自動性の側に
あり、熟慮の上の行動との関連では多くを予想していないから、TTグループ

は準備し手助けしても、主導する必要はないことである。分業はそこにすでにあり、すべての現状維持グループがなすべきは、現状が維持されているかに専ら注意することである。そして大衆は現状維持以外のことには慣れていないから、革命的指導にとって分業はまた反革命的方策と見られるとの思想を伝えることはきわめて難しい。もし分業——彼らが自分の技能でそれに貢献し、そこから給料を得ている——が1つのオルタナティブとして明瞭な対照のもとに見られるのであれば、このメッセージはより理解されやすくなるに相違ない。しかしそうしたオルタナティブはそうすぐには見つからない。[39] 換言すれば、社会構造は分離的な仕方で現状維持を目指しつつ機能する。結合的戦略には、革命的戦略にはもちろんのこと、努力・仕事・エネルギーが必要なのである。

　事象が何も起こらなければ、たとえば、反革命グループが拳銃やテロリズムという手段で現状を維持しようとする素人集団ではなく、現状を純粋に構造的な手段で維持しようとするプロ集団であれば、事象は挑発されねばならない。近年の新左翼の語彙では、これはしばしば「対抗」(confrontation) と呼ばれる。構造の中の潜伏的暴力 (latent violence) が、構造の適当な個所をくすぐることによって引き出される。しかしより古典的な方法がある。TTグループが支配する警察のユニフォームを盗み、何らかの残虐行為を行い、それを権力グループの仕業にするのだ。これに対する分離的反革命戦略は反挑発である。残虐な行為を組織し、それを革命グループの仕業にするのである。結果として、同じ行動が両方のグループにより他のグループの仕業とされる。こうして長期にわたる騒擾が生み出され、より深刻なそしてより険悪な行動が先送りにされるのである。

　対応する結合的な戦略は事象を回避する努力から成るだろう。同化と選出のメカニズムによる以外に、これがいかにして可能かを見ることは難しい。そうしたメカニズムによって、事象の背後にいる人々は孤立させられ、そしてどの社会にもある犯罪的な暗黒街（アンダーワールド）に属する者として相対的にではあれ説得的に分類される。このことが起るためには、すなわち、ミクロ・レベルにおいて暴力がカプセル化され閉じ込められるためには、社会のエントロピーの一般的レベル——ポジション・エントロピーにおいても相互作用エントロピーにおいても——はきわめて高くなければならない。この簡単な定式化

は、他のすべての反革命・結合的戦略に匹敵する。すなわち、人々を混合させ、構造を完全なものとし、いかなる分極化も回避せよ！

　この関連では、負け組の潜在的リーダーを同化するための回路をいかに近代社会は制度化しているかを強調しなければならない。たとえば、労働組合のリーダーは地方や地域のレベルから素早く上方に這い上がり、国家レベルの労働組合の事務局メンバーになる。そしてこの事務局員は、「上層での密な相互作用、下層での疎な相互作用」の一般的原則によって、階級前線の向こう側との密接な繋がりができる。こうした繋がりによって彼は、彼らの状況に関する定義や彼らの一般的な見方を共有し、徐々に彼らに飲み込まれてしまうのである。

　一般に社会は、能力あるリーダーたちは上方を志向し、議員、外交官、顧問、専門家、政府高官等々のある種の一般化されたエリート集団に入ることになる。彼らの出自はしばしばかなりのランク‐不均衡の個人だったから、このことは彼を平静にするものの、もしシステムがこれ以上の上昇をブロックするならば——ここからは「良家」の出自の者しか上がれない！——、彼は他の適応メカニズムに投げ返される。しかし、彼はすでにかなり上層におり、個人間のネットワークに深く組み込まれているから、革命的活動のような何かに従事するのに必要な距離をとることはもはや彼には困難である。

(10) 結合主義との協力

　これまでわれわれは、2つの非常に異なる戦略に従事する、一方における革命、他方における反革命の間の行動の対話を語ってきた。今やこうした見方を、さらに3つのグループ間における行動の対話にまで拡張しよう。すなわち、革命家、分離主義者、結合主義者である。

　この理由は単純である。最初のうちは、現状維持のグループは分離的戦略のみを実行しようとする。いくらかの成功の期間のあと、この施策は失敗する。すると革命グループが間違いなく、どちらのグループに賭けようかと見守っている中間派の巨大なグループに大きな影響を与える。その結果、現状維持グループはより大きな行動の範囲の必要性を感じ始める。彼らはいくらか結合的な施策の実行にとりかかる。しかしそもそも彼らはそうした施策の利用に不慣

れであり、それ自身のためではなく革命を食い止めるためという動機が誤っているから、不成功に終わる（共産主義を食い止めるための技術協力は典型的な事例である）。このことは現状維持グループの中に分業を作り出す。強硬派と柔軟派、すなわちタカ派とハト派である。そしていくらかの時間の後、彼らの間で分極化が起こるであろう。なぜなら、反革命派の両グループが、他のグループが自分のグループの仕事を不可能にしていると（正当にも）主張し始めるからだ。こうした議論は明白でしかも周知だから、これ以上立ち入らない。結果は三派である。

　理論的にも実践的にも重要な問題は、三派としてそれは安定かどうか、あるいは同盟関係の形成に導くのか、その場合いかにしてか、ということである。ダイアグラムに示されているように、われわれはすべての方向において否定的な関係を想定している。換言すれば、2つの現状維持派は、手段においてだけではなく目標においても、最近の過去（および現在）をめぐる紛争（コンフリクト）にあるとわれわれは想定する。実際、図6に示されているのは、今日の大部分の国々における3つの主要なグルーピングである。すなわち、保守・自由・急進、または反動・市民的自由・進歩、等々。もちろん、どの語彙を選ぶかはその人の好みによる。ところで、どんな種類の同盟が起こりやすいだろうか？

　もし1つのグループが権力につくか、あるいは権力につきそうになったとき、他の2つは一体化する。これは単純な公式であるようだ。分離主義者と結合主義者は革命主義者を除外するために「民主同盟」を形成するかもしれない。結合主義者と革命主義者は、抑圧的な寡頭制を打倒するために、「人民戦線」を形成するか、さもなければ人民戦旗の下に統一するかもしれない（そして勝利の後に分裂する）。革命主義者と分離主義者は分極した状況に共通の関心をいだき、各々の船の帆から風を奪う自由主義者を放り出すために赤・黒同盟を形成するかもしれない。換言すれば、いつ・どこでも、どの組み合わせも可能であるだけではなくしばしば生起するのである。

図6　対話から三者間対話へ

4 革命の構造的理論

　われわれは革命主義者と結合主義者間の協力を革命的戦略として語る。なぜ
なら、それは革命的闘争を徒党の闘争から国家の大義のための闘争へと、すな
わち人民の戦争から国家の解放戦争へと転化させる、もう1つの方法だからで
ある。こうして、何か突発の椿事が起った後、すべての人にすべての良き男女
が協力する時が今こそ来たことが明白になったとき、こうした革命的戦略に従
事し得るとわれわれは想像できよう。しかし、舌の根の乾かぬうちに、これは
反革命グループにとって最良の結合主義者的戦略であることも言わねばならな
い。それは、階級分化を超える異なった大義のための闘争に革命主義者を飲み
込む。それは境界線を曖昧にし、多くの革命主義者に彼らがより適合的と思え
るセッティング――革命主義者の激しい声に代えるに勝ち組のソフトなそして
リベラルな雰囲気、宗教の響きをもつイデオロギー的要求に代えるにプロ
フェッショナリズム、「革命後」の空想的な約束に代えるに今日における具体
的な就業機会――を提供する。しかし、もし革命主義者が結合主義者に敗北す
るのであれば、逆もまた真であろう。パターナリズムより大衆の純粋な自覚、
ディベートよりも闘争、古いデータや仮説よりも新しい価値を好む自由主義者
もいるに違いないからだ。

　分離主義者の戦略もまた明白である。結合主義者が少数であり、分離主義者
の数との隔たりが大きい限り、分離主義者は結合主義者を抑圧し、裏切りを非
難し、根絶しようとするであろう。端的に彼らは無能力化のあらゆる手段を使
うであろう。結合主義者が多数のときは、おそらく分極化が利用されるに違い
ない。彼らは、「革命にやさしい」と非難され、彼ら自身が革命主義者と同定
されるであろう。通常この戦略は革命主義者のまさに望むところであるためむ
しろ馬鹿げている。分離主義者は第一の敵の定義により彼らのランクが膨らむ
のを見るのだ。彼ら自身がタカ派とハト派に分裂し、タカ派は現状維持派との
協力に反対し、そのディベートではしばしばハト派が勝つにもかかわらず、タ
カ派は、自分たちの敗北は革命的な多数に代わる質を意味しているのだと言い
張ることであろう。

　ここにはいかなる均衡点もない。いかなる融合も、いかなる分裂も可能であ
る。しかし革命に向かういくつかの諸段階において、この種の協力は高度に意

味がある——キューバの場合のように、後に分裂が来ようとも（あるいはまさに
分裂が来るがゆえに）。

5　理論のサーベイ

　報告の趣旨は以上で終る。しかしこの理論が伝えようとする全体の描像に関
していくつかの注意を与えておこう。表2（94頁）において読者は活用されて
いる諸要素の概要を見ることができよう。垂直的な行動の対話を含む表2か
ら、分離的および結合的反革命戦略とは何を意味するかが比較的明瞭に理解さ
れよう。分離的戦略の整合的利用は、非常に高いランク一致、およびランク依
存の相互作用をもつ、封建的社会秩序を維持するであろう。そこでは最上層を
除いてきわめて低レベルの政治的意識が見られるであろう。それにはまた恐怖
の要素——イデオロギー発生の回避、指導層の無能力化、秩序安定化とさらな
る変化要求の拒否、事象発生の厳密な管理——がともなっているのだ。
　一般的には、最初の5つの構造的要因の作動が成功するほど、第6から第10
に記されている抑圧的施策の必要性は減少する。前にも述べたが、ここでも繰
り返そう。後半の5項目は素人向きであり、プロの圧政者向きには前半の5項
目で十分である。[40]しかし、これが十分に機能するためには、社会はおそらく規
模も大きくなく、環境からも比較的に孤立していなければならないだろう。他
方、「はじめに」で述べられているように、TTグループは比較的にさほど重要
ではない少数者であり、にもかかわらずTTグループとUUグループ間のラン
ク格差（経済的潜在力、技術的能力、権力、教育レベルにおける）が大きいことから
勢力を保持している。一般的にこうした描像は周知であり、多少とも封建的性
格が高度に発展している、世界における抑圧社会そのもの構造である——それ
が土地所有をめぐるものであれ、資本または権力の独占をめぐるものであれ、
あるいは能力主義的性格のものであれ。
　ある意味でより興味深いのは、多様な結合的戦略が積み重ねられたときに出
現する描像である。これは高度に複雑な社会に導く。それは創造のためだけで
はなく、ランク不均衡を吸収・同化するための構造が豊かに備わった社会秩序

である。そこではすべての方向に制度化と脱制度化の相互作用が行われている。アイデアと人は自動的に——とりわけ上方に向かって——動き回る。こうしたことすべては社会的布置を多様なものにする。

こうしたことから、ある意味において、革命家たちは彼らの目標を達成したとは言えないのだろうか？　封建的構造は廃絶された。動機はおそらく革命を食い止めることであったに違いない。しかし、ランク不一致は舞台から姿を消し、封建的相互作用も消失した。複雑に入り組んだ近代的社会秩序が出現した。変革は非革命的な人たちによってもたらされた。昨日の勝ち組は依然として権力の座にある。しかし彼らの権力は大幅に減少した。答えは否に相違ない。搾取と階級格差は依然としてそこにある。[41]

もしこの社会が抑圧的であるとするなら、今日マルクーゼやその他の人たちが議論しているごとき、より微妙な意味でそうなのである。こぼれたインクのどんな量でも吸収できる吸取紙のように、その社会は吸収する法外な能力を有しているという意味で抑圧的なのである。いかなる反対でも、適応のメカニズムが正しく理解され十分に利用されるやいなや、適応させることができる。不平は、それが蓄積し結晶化して、組織された政治的行動に繋がっていくことのないよう、決して許容されることはない。というのは、こうした組織のための1つの構造的な必須条件、すなわち社会秩序におけるある量の分極化（polarization）が不在というだけではなく、脱分極化（depolalization）がすべての強化メカニズムによって超安定化しているからである。このことは様々な不平が起らないということを意味しない。単にそれらは意思決定者の将来行動のためのアジェンダに管理可能な事項として記載され、小委員会やタバコの煙が充満するパーラーの中で、ミクロのレベルにおいて解決されるというにすぎないのだ。それがマクロのレベルにまで蓄積する道はあり得ない。

しかしみんなが充足し、構造を彼のニーズに対して本質的に満足できるものと見るのであれば、この社会はいかなる意味で抑圧的なのか？　別の言い方をすると、社会の諸力が社会秩序の変革に活発に従事しているとき、満足または不満足の程度がどうであれ、社会は非抑圧的と言えるのではないか？　より直截に言えば、社会が非抑圧的であり得るのは、社会が移行過程にある（*in statu nascendi*）ときだけではないか？　すると目標に到達したときは定義により抑圧的であるのか？　表2を再び見てみよう。すべての分離的な反革命的諸戦略を積み上げたあげくに到達した社会は、決して明白に抑圧的とは言えまい。しかしこの観点からは、すべての結合的諸戦略を体化した社会にも、同じことが当てはまるであろう。結論は次のようである。社会は1つの社会秩序として、2つの積分された社会秩序間の移行過程にあるとき、ある意味において、単に、生きているか、あるいは充足しているかなのである。そうしたことが言えるのは、まさに破壊および再建しようとしている間際であって、決してその過程が完成したときではない。

　分離的な社会は固体に、結合的な社会は液体または気体を詰めたコンテナーに例えられるであろう。マクロのレベルでは、外部に対して両者とも安定的である。しかし前者はミクロのレベルでも安定的である。すなわち分子は1つの位置に拘束され、近傍との接触があるだけである。気体においては、ミクロのレベルでは巨大な騒擾があり、ブラウン運動があらゆる方向に行われ、すべての分子はあらゆる場所に動き回り、他の分子と接触・遭遇する。しかし、寿命が許す限りのこうしたミクロ・レベルでの活動にもかかわらず、気体は不変にとどまる。それは自らを超越（transcend）しないのである。

　問題は人がこの種の概念化を受け入れようとするかどうかである。こうした概念化は意味があるとわれわれは感じる。すなわち、人間であるとは、夢と現実との狭間にあって、緊張しつつ生活・行動することである。両者が一致すれば、緊張がなくなり、社会もそのメンバーである人々も死ぬ。緊張は侵略（aggression）をもたらす。しかし侵略は必ずしも暴力（violence）と同定されるべきではない。それは、維持・保存だけではなく、創造・拡張する——換言すれば、生き・る（live）——ための基本的な紛争とも同定されるべきものであるのだ。このことは紛争（conflict）の概念へと導く。そして紛争とは欲求不満のことでもあり、ただ欲求不満の原因が次のような場合である。人が自分の目標（goal）を満足させようとするその途上に、誰か他の者がある目標を達成しようとしているため、それが自分の目標実現の過程における妨害となっていると定義される場合である。紛争が欲求不満と異なるのは次の点である。紛争は人々を集合させ

る、そして、人々を相互に結びつける——しばしば残酷なそして高度に破壊的な相互作用の網の中に。

　紛争において人は行動するだけでなく相互作用する。その中で人は単に生きるのではなく、社会的に生きるのである。表2の右側「結合的」欄に述べられた社会秩序では、人間存在の雰囲気はある意味において取り去られ、これは人間の生活を貧しくすると言えるのかもしれない。この観点からは、革命的行動を好ましいとする条件は完全な社会の存在を好ましいとする条件でもあり、これに比して、2つの反革命的代替物は貧弱となる。もちろん、これら2つは全く異なっている。一方は静態的であり、一世代の存在はそれに先行する世代の繰り返しであるのに対し、他方は動態的であり、一世代の存在はそれに先行する世代からほとんどまたは全く学ぶことはない。変化はある。しかし、新しい社会秩序への超越はない。ゆえに、その2つの施策はいかに異なっていようとも、人間の社会的条件からマクロ・コンフリクトの基本的諸次元を除外してしまうことにおいては結束する。この意味では両者は現状を安定化させているのである。

6　結　　論

　何というべきか。これは善か、はたまた悪か。一体誰がそれを知ろう。そもそも誰が、こうした問いが意味をもつと知ろう。このような精神的な気苦労をほんの少しだけ正当化する事由を1つだけ挙げよう。結合的戦略の首尾一貫した精緻な利用によって到達した社会は、安定的ではなく、遅かれ早かれ新しい封建的秩序に転化するものの、そうなるのはより高い段階においてなのである。そこには、新たなランク一致のパターンにおいて、ランクの新たな諸次元が晶出化する新たな座標軸があるに相違ない。そして新たに均衡化した勝ち組が、負け組との間でよりも彼ら相互の間において、負け組が彼らの中でそうするよりも、新規に結合する傾向が生まれるであろう。

　このようなことをすでに人は今日、家族の起源に基礎を置いた古い社会秩序から、能力と長所に基礎を置く新しい社会秩序への移行の中に見ることができ

る。同じことを簡単にかつあまりにも不満足にならない程度に定式化すれば次のようになろう。古い社会においては、1人の人間の社会的境遇は父親の家族的背景を基礎にしていたが、今日では、父親からの遺伝的背景および社会文化的伝達に焦点を当てた理論を基礎にしている、と。これに対して、その描像には母親の存在もあるに相違ないとの反論があり得る。確かにそうだ。しかし同類交配の原理は両性生殖によってもたらされる変動を小ならしめる傾向がある。古い社会では、多かれ少なかれ同じ家族的背景において、夫が妻を選びあるいは妻が夫を選ぶ。新しい社会では、同等の能力と社会が定義する者から人は相手を選び出す。子どもが生活において彼らの地位に配置されるのが、家族的背景によるのか遺伝的・社会文化的遺産から得る能力の賜物によるのかにかかわらず、結果は多かれ少なかれ同じである。子どもの生活上の地位と両親の地位との相関は、核家族が存在する限り、かなり高い傾向にあるのだ。

　こうして再び封建的社会秩序という道具立てとなる——今度は貴族主義的ではなく能力主義的な座標軸のまわりに。仕事の組織が人間社会を分断する垂直的な分業に基礎を置いている限り、社会が自分自身を封建的、資本主義的、あるいは社会主義的と呼ぼうと、結果は依然として、最上層における統合、底辺における不統合（バラバラ）となる傾向があるのだ。そして、そうしたことがある限り、このエッセーで定義された意味において、革命的行動の大義が存在するのである。

　結論としてその基本的な命題は次のようだ。革命は構造的に条件付けられているにしても、あらかじめ決められているのではない。革命に導く構造的形相（structural forms）があり、そうした形相が現存するとき、革命は起こる。それはちょうど生物的生命がある分子結合および物理的コンテクストから誕生するように、こうした条件が現存するとき、生命（life）が発生するのである。ここで、生命の内容（content）あるいは革命の内容については何も語られていない。イデオロギーの内容——革命的グループが彼らの主体性によって鋳込もうと構造的素材に与える実体的形相——については何も語られていない。ここでのアイデアは、真の革命は垂直的相互作用および封建的相互作用の構造に抗して闘われるのであること、こうした構造によって最も高度に欲求不満の状態に

ある社会のグループ——ランク‐不均衡のグループ、および負け組のグループのある部分——の中に革命の源泉があること、そのどちらかの組織化あるいは両者の接触が不可欠であること、である。そして一度こうした条件が成立すれば、イデオロギー、カリスマ的指導者、欲求不満化された期待、突発事象、協力の新しいパターン等の非構造的な要因が最後の要素となって、革命を勃発させるのであろう。

　換言すれば、すべての戦争（war）を終わらせる最終戦争のようなものはないのと同様、すべての革命を終わらせる最終革命といったものはない。しかし、戦争——それは社会の発展のある特定の段階に属する現象であろう——とは違って、おそらく革命は社会秩序に不可分の性質をより多くもっているであろう。なぜなら社会秩序は、垂直的な相互作用および封建的な構造をきわめて容易に現出・展開させ、次にそれは、弁証法的に、自身の反定立に導くからにほかならない。2つの敵対者間の闘争の中から、新しい階級形成および再度の封建化の潜勢力をともない、しかしまた永続するダイナミズムの潜勢力をともない、新しい社会秩序が生まれる。ここで永続するダイナミズムとは、今日「永久革命」（permanent revolution）と呼ばれているものを特殊な場合として含む種類のものであろう。[42]

　　＊In *Proceedings of the 1ˢᵗ International Working Conference on Violent and Non-violent Action in Industrialized Societies.* Brussels, March 13-15, 1974, Part 2（Rotterdam University Press）, 1974.
　　PRIO Publication No.28-1.
　　Note on page 536.

注

1）　地域は領土的である。他の2つは社会的である。われわれは病院、学校、産業組織、および自発的結社における革命について聞くことがますます多くなった。自治体（おそらくとりわけサブ自治体）における革命をわれわれはより多く聞くことになろう。今日では国家とこうしたサブ国家単位間の自立における差異は必ずしも大きくない。ゆえに「革命」という言葉は両者の政治的行動に適用可能であるというわれわれの議論が成立する。

2) 「危機」という用語はもちろん「中心」の言葉、すなわち、都市・体制の言葉である。危機とは何か突然のこと、指導者が「未だ」どう対処すべきかを知らない危険を意味する。しかし中国語の危機に対する意味は（危険に加えて）「機会」という性格も含んでいる。すなわち、つねに「危機」において生きる者にとって彼らの諸条件を根本的に変えるための「機会」である。

3) このように多くの「近代」社会はおそらく、同じ組織内の超縦構造と準縦構造とを結合する垂直的構造と、労働組合等の結社における同じレベルの人々を結合する水平的構造との混合である。工場労働者は、彼のボスとともに保守に投票するかもしれない。保守党の建物の管理人は彼の同僚と労働党に投票するかもしれない。こうした混合から生起する複雑系は社会の安定化に役立つであろう。しかもそれは社会を革命から予防するのにさえ役立つことであろう。

4) そしてこのことはもちろん、ソ連に対する中国の非難である。ソ連の人々は社会弁証法が続いて行くかわりに団結しようと試みた。彼らは最初の革命を必要条件と見るよりはむしろ十分条件と見たのである。

5) あるいは、Adam Schaff 氏が最近行った同様の分析を見られたい。*Marxismus und das menschliche Individuum* (Hamburg: Rowohlt, 1970), particularly Part Ⅲ.

6) そしてこのことは4章で扱われている「結合主義者」が本質的に行っていることである。それは、プラグマティスト達は実際、意図的ではないにしても結果として、革命的では全くなく反革命的であるとの帰結に導く。

7) この議論のさらなる彫琢は、著者の次の文献を見られたい。*Methodology and Ideology* (Copenhagen: Ejlers, 1975) Ch.3, 'Science as Invariance-seeking and Invariance-breaking Activity'.

8) この概念の分析におけるいくつかの要素については著者の次の文献を見られたい。'East-West Security and Cooperation: A Skeptical Contribution', *J. Peace Res.* 1974 (Essays V.2.)

9) 著者の次の文献を見られたい。'A Structural Theory of Imperialism', *J. Peace Res.* 1971 (Essays Ⅳ.13.)

10) もちろんポーランド人の抵抗があった。まさにその目的がソ連のそれと合致していなかったがゆえに粉砕された。

11) この構造的抑圧の極端にもちろん耐え難い悲惨がある。それはまさにロシアの大衆、東欧の大衆が蒙ったタイプの悲惨である——部分的に世界大戦の結果であるとしても。戦争がすでにそこにあった状況を悪化させ、それをいっそう目立たせ、いっそう耐え難くした。

12) ここできわめて興味深いことは、2つの大国が近づくほどその影響はより弱まったことだ。それら大国は、軍事的、政治的、経済的、そして最後にしかし最少にではなく、イデオロギー的に、他の大国に対する安全装置となったからだ。

13) もちろん前の節において、単位は古典的国家、しかも国民国家でさえあった。それはマクロの革命であった。しかしこれに関しては、より「レベル・フリー」な理論が必要とされている。ミクロ革命は革命の前段階からの越境に対して無防備だとの反論に対し

て——これはマクロ革命に対しても適用され、そしてマクロ革命はまさにそうしたもの
である、と反論されよう。マクロ革命は、あまりにも上層で行われ、あまりにも人々が
実際に生活しているレベルとかけ離れている。社会的ニーズと社会的計画のため生産手
段の社会的所有を遂行したソ連と、近来多くの組織や結社が実質的な社会変革を経験し
た資本主義ノルウェーと、何がより革命的かはそれほど明確ではない。

14)　次の文献を見られたい。Galtung, 'Feudal Systems, Structural Violence and Structural
Theory of Revolution', IPRA *Proceedings* (Assen: Van Gorcum, 1970). (Essays Ⅲ.7.)

15)　次の文献を見られたい。*The European Community: A Superpower in the Making*,
(London: Allen & Unwin, 1973) also in Danish, Swedish, Finnish, Dutch, German and
Japanese traslations.

16)　次の文献を見られたい。Galtung, 'Social Structure, Education Structure and Lifelong
Education: The Case of Japan', Japan, Paris, OECD, 1971, pp.131-152. (Essays Ⅲ.11.)

17)　これは本論文より以前の論文の基本テーマである。次を見られたい。'A Structural
Theory of Aggression', *J. Peace Res.* 1964 (Essays Ⅲ.4).

18)　中国の文化革命をこの観点からも見ることができる。人は、高等教育と低所得または
権力間のランク－不均衡を、単に高等教育を引き下げることによって回避しようとす
る。3年間のうち18カ月だけが理論的な訓練に充当される大学教育では、結果として、
ランク－不均衡にある他の者から、距離のあるランクを十分に与えることはできない。

19)　この情報に関して私は国連事務総長の元軍事アドヴァイザーのGeneral I.J.Rikhyeに
負っている。

20)　この現象はもちろんそこに頭脳が流出する中心国にとっても全く歓迎されるものでは
ない。それは高度に質的な労働が貧国の費用で教育されることを意味するからだ。その
現象は国際的分業の一環であり、そこでは高等教育を必要とする職業が主として中心国
に集まるため、高等教育を受けた人々を贅沢品や無意味な存在にしている。しかしここ
から、頭脳流出した人々が良い報酬を求めているのだと言うことはできない。彼らの関
心は、そうした専門職に就くことから、必要とされること、意味のあること、そして非
物質的な報酬を享受することにあるのかもしれない（たとえば、ルーチンでない仕事、
創造的な機会など）。

21)　これはHagen氏による次の調査およびそれ以前の仕事の主要なテーマである。*The
Economic Development*, 1968.

22)　この区別はおそらく犯罪者とヒッピーとの関係の方により顕著に見られる。後者の方
が、とりわけ彼が平和的であるとき、よりいっそう脅威である。彼は目標を拒否してい
るからだ。前者は、目標を達成するのに暴力を行使する意思を通じて、むしろ目標を強
化しているのである。

23)　著者は1958年から60年まで、米国南部の大学都市シャーロッツヴィル（ヴァージニア
州）を調査した。これはまさしく公言された風潮であった。それは、上層の人種分離主
義者がディーセントにそして法を守る人として現れ、大衆感情を示す行動を指し示すこ
とを許すものであった。

24)　「脱封建化」理論についての詳細は注14の文献を見られたい。

25)　このことは、われわれが政治意識を同定するのに２つの基準を利用していることを意味する。構造志向と広い帰属意識である。次のような反論があるかもしれない。これは単にあるタイプの左翼的志向の定義であって、政治を実際に行っている他の多くの人々——アクター志向の評価基準および狭い帰属意識（主として自分自身と自分の家族）をもつ——を除外している、と。しかしながら、ここでの意図は、後者のタイプの政治家は現存のシステム内でまさに「彼自身および彼に一番近い者の便益のためにとことん」システムを利用する者として見られなければならない、ということである。彼は政治の場で主要な人々を巧みに操作する。おそらくこれは、政治（politics）というより政治工作（politicking）と呼ばれるべきであろう。

26)　そしてこれがまさに世界の重要な教育者であるパウロ・フレイレおよびダニロ・ドルチが試みたことである。彼らは教育において、自分自身を社会諸力の客体としてではなく、主体として見ることを目的とした活動を行った。彼らは社会を変革可能と考えた。

27)　これは私的または国家資本主義という形態をとるであろう。どちらにしても生産諸要素の移動が前提されている。地域の自立よりも、最適点にまで生産諸要素を集合させるのである。

28)　チリにおける主要な政治意識の源は*callampas*と*poblaciones*であった。すなわち、サンチャゴ内および周辺のスラムおよび準スラムであった。クーデターの最中およびその後、ファシストたちが最も兇暴な攻撃を向けたのはここであった。

29)　ゲリラの中と牢獄の中の両方になぜ労働者より学生が多いかの理由がこれである。もちろん両者とも抑圧的な社会秩序と闘っているのである。

30)　このアイデアの１つのテストは、中国で何が起こったかを調べることで遂行できよう。制度的相互作用のネットワークの変革は、とりわけ1958年の人民公社の導入以来、顕著である。仕事のローテーションおよび仕事の再建は、上層身分と下層身分間、上層と下層の人民間の距離を縮めると同時に、コミュニケーションを通じ、構造内のすべてのポイントにおいて人々を結合した。ここでの仮説は次のようである。ほとんど暴力をともなわない中国の社会構造の基本的転換が、文化大革命として（誤って）言及されるとき、それはまさに構造基盤がすでに準備されていたからに相違ない。次の文献を見られたい。Johan Galtung and Fumiko Nishimura, *Learning from the Chinese*, 1974.

31)　これは著者の次の文献、とりわけ結論的な諸章を見られたい。*Members of the Two Worlds: A Development Study of Three Villages in Western Sicily* (Oslo: Unversitetsforlaget, 1971).

32)　シシリーにおいてポイントはまさに、ラジカル・グループ（大雑把に農業労働者および専門家）がイノヴェーションそして基本的な社会変革の担い手になり得ることであった。彼らは制度化された相互作用の不足だけではなく、生活標準および世界の他の側面（社会・家族・彼ら自身）に対する基本的観点における大きなギャップによって、相互に分離されていた。

33)　これは著者の次の文献にかなり詳細に展開されている。*Methodology and Ideology* (Copenhagen: Ejlers, 1975) Ch.2, 'Empiricism, Criticism and Constructivism'.

34)　世論調査による中心‒周縁伝統の全体はこの一般的見解を確認しているようである。

4 革命の構造的理論

35) 驚くべき点は、人間だけではなく、政策にいかなる重大な変更なしに「平和の構造」といった表現を取り込むことができる能力である。明らかに「平和の構造」は、米国が実行する資本主義的帝国主義、およびソ連が実行する社会帝国主義と両立することはあり得ない——しかし、キッシンジャーの意向は、むしろ超大国諸関係を安定化させ、多かれ少なかれ他国に対する支配を維持することにあるようだ。

36) Peter Heintz 氏は次のごとき仮説をもっている。人は、その国と同じ横顔（たとえば、教養があり、貧しい）をもつとき、とりわけ自己をその国と同一視する、と。これには次のことが付加できよう。他の者は、まさにそうした理由から、彼または彼女をその国と、あるいはその国の革命的グループと同一視するであろう、と。

37) レーニンはどの時点で主任図書館員のポジションで買収できなくなるというのか？ そもそもこうした議論はどれだけ重要か？ 誰か他の者がすぐにそのギャップを埋め、カリスマ的リーダーになるというのか？

38) W.F.Wertheim 氏はその素晴らしい本 *Evolution and Revolution* (Penguin 1974)、とりわけ 'Economic conditions' (pp.183-200) において、James C.Davies 氏のアイデアの重要な分析を行っている。Davies 氏のアイデアはわれわれ自身のこの箇所の叙述の基礎をなしている。次の文献を参照されたい。'Toward a theory of revolution', *Amer.Sociol. Rev.* 1962, pp.5ff. Wertheim 氏と（そしておそらく Davies 氏とも）同じように、われわれは「欲求不満化された期待」アプローチを多くの要因の1つとして見るのである。

39) このように、この分野での中国の重要なイノヴェーションの事実は、彼らが悲惨、外交政策における態度・行動、等々を克服した事実ほどには、まだあまり知られていない。こうした中国モデルがもっと知られれば、それらは西側の社会主義思想に大きな影響を与えるだろう。

40) 実際、このことは「抑圧的寛容」という概念を明らかにしようとする努力に役立つであろう。このタイプの寛容は最初の5項目の戦略が実行される場合、構造中に見られるものである。抑圧的な不寛容が見られるのは最後の5項目の場合である。

41) それによって生産手段の私的所有または官僚制的所有よりも深い何かが意味されている。すなわち、多数者の犠牲のもとに少数者を豊かにする分業——それがいかなるものであれ——である。

42) 「繰り返される」または「再帰する」革命の方が良い表現かもしれない。というのは、1つの「永久」革命はメキシコでの現象のようにおそらく凍てつき、制度化される傾向があるからだ。メキシコでは何と、*Partico Revolucionario Institucional* と呼ばれる政党によって先導された。

139

5　生き方としてのコンフリクト

　われわれの文化——おそらくは大方の諸々の文化——の一般的傾向は、コンフリクト（紛争conflict）に関して否定的な見解を有することである。

　われわれはこれを宗教システムの中に見出す。救いは通常、安らぎの状態、あらゆるレベルのコンフリクト——個人間・グループ間のコンフリクトとともに個人内のそれをも含めて——が解決された状態と同定される。充足されないまたは充足し得ないニーズはなく、基本的な恨みや不平もない。すなわち、救いは至福の状態なのである。原則において、至福は2つの方法により得ることができる。どんな欲求であれ、ニーズを減少させることによって、またはニーズを充足させるのに自由に処分できる十分な手段を持つことによって。宗教システムには両方の傾向を見出すことができる。ヴァイキングやムスリムの豊穣なそして官能的なパラダイス、キリスト教徒のより荒涼としたそして極度に知性化された、と同時に愛求志向のパラダイスである。愛は明らかに最も精神的な意味において解釈される。[1]

　同様の傾向をわれわれはユートピアの中に、あるいは世俗的なパラダイスのビジョンすなわち地上の楽園の中に見出す。[2] ここでも人は、その基底にある人間の観念について語ることができる。人間は、基本的・本質的にニーズの性向において同じ——ニーズに関して彼らの一生を通じて基本的に不変——と見ることができる。人間に関するこうしたモデルをもつことにより、少なくともペーパーの上で、目標達成の満足をその中に組み入れた、比較的単純な社会構造が構築され得る。社会の現実においては、傾向として、人々は各々異なり、変貌し、一貫性の全くないことをわれわれは知悉している。しかしこれがユートピアの作者を煩わせるようには見えない。こうした不同性・不定性・不整合性は、システムに持ち込まれた攪乱の記号であり、正しい社会秩序が見出されたならば、攪乱は排除されるから人間本来の性質が修復され、その性質の単純

性において出現するであろう、と彼らは想定する。その結果は1つの社会秩序であり、そこでは実際的な目的のためのコンフリクトが、巧みに処理され、そして消失するのである。

政治的思考においても同様の思想が見られる。コンフリクトは、取り除かれるためにそこにあるにすぎない。その手段は数多ある。対立する見解の所有者であるところの敵対者を除去することは一つの方法であり、ここでいくつかの手段が候補に上がる。比較的に粗野な方法は物理的に彼を抹消することである。たとえば、彼を下級者・人間以下・社会秩序の脅威・階級の敵などと定義することにより、彼が隔離され、孤立させられ、さらには退治されることを可能にする。そして比較的に洗練された「民主的」方法がある。たとえば、彼をして彼自身を政党のような形に組織させ、しかし同時に、彼をつねに少数者の地位に追いやり、彼が得票数で勝っても文化的には抹殺するのだ。しばしば議会制民主主義においてこの方法が用いられる。人道的見地からは「力は正義」より「多数は正義」のスローガンがより優れているに違いない。しかし、しばしば帰結においては相対的に同じである[3]。

しかし敵対者のいかなる種類の抹殺をも想定しない技術が存在する。むしろ敵対者を紛争解決のシステムに組み込むのである——たとえば妥協のメカニズムによって。そうした技術の基礎となるモデルは、少し前に奉じられた科学進歩のモデルとしばしば同じ面をもっている。すなわち、真理はどこかに存在する。そして、われわれはその一点に徐々に収束していく。今のところわれわれの結果は不完全かもしれない。しかしそれは漸近的に真理に近づきつつある。しかし、われわれがもう少しより多くかつより良く仕事をするならば（財政援助があればなおのこと）、われわれはそれを突き止めることができよう。政治の分野においても同様である。最適解すなわち良い社会はどこかに存在する——そういうものが確かに存在する。それゆえ、人間の歴史は飛躍と堕落をともなう大きな実験であるものの、しかし、概して良い社会に向かって収束する傾向を示す。社会秩序における現存するコンフリクトに最適解を見出すことにより、そしてそうしたコンフリクトを徐々に消去していくことにより、最終的にわれわれは、すべての世界のうちでも最良の世界を突き止めることができる。

そしてその最良の世界はその中に基本的な無紛争状態（conflictlessness）を作り出すのである。

われわれはまた社会科学——人間の内部で何が起こるかを扱うミクロ・レベルの科学から、国際レベルにおける人間の条件を扱う国民レベルの科学に至る——においても、こうした基本的なコンフリクトの見方を見出す。基本的な教義は次のようだ。人間はコンフリクトを回避し、コンフリクトから逃走しようとする。説明のための基本的公準としてしばしばこれが利用される。たとえば、心理学や社会心理学において（認知的不協和理論）、社会学において（ランク不均衡理論や分極化理論）、国際問題において（再び紛争分極化理論）等々である。こうした基本的な公準から、いくつかの結論が演繹され、有効性や強靱性がテストされる。有効性は時には確認され、時には否認される。社会科学における大部分の準則がそうであるように、それらは完全に正しくもないし、完全に誤りでもない。しかし、この点に関してより興味深いのは、われわれの文化における基本的な前提の一表現として、こうした準則が利用されることである。その基本的な前提とは次のようである。すなわち、コンフリクトは悪である（Conflict is bad.）。それは、そこから逃走するべき何者かである。

本論文の基本的な教義は、こうしたことはコンフリクトとコンフリクトの結果を区別しないことによる、というものである。このような区別は可能であり、また必要であると私は考える。そしてその区別はコンフリクトに関するきわめて異なった見解に導くであろう。よって本稿で私は次の3つの事項を扱うことにする。

1．コンフリクトを定義し、若干の考察を加える。
2．コンフリクトは今後、年を追って増加しつつあるのはなぜかを考える。
3．それにどう対処すべきかを考える。

1　コンフリクトの定義

基本的な区別は、コンフリクトそれ自体、紛争態度（conflict attitude）、そし

て紛争行動 (conflict behavior) の間に立てられるべきであろう。コンフリクトへの多くのアプローチにおいて、これらの三項目は混乱している。そして、こうした混乱は、この分野における誤った思考の根底にあるように見える。

私は「コンフリクト」をここで次のように定義する。すなわち、コンフリクトとは、諸目標状態 (goal states) 間、または、社会システムにおけるアクターが担う諸価値 (values) 間の不両立性 (incompatibility) である[4]。これは単純に、一個のアクターまたはアクターの部分が実現を欲するものが、もう１つのアクターまたはアクターの部分が実現を欲するものを、完全または部分的に、排除することを意味する。換言すれば、完全には実現し得ない少なくとも２つの目標状態があり、その１つが他の邪魔をするのである。注意すべきは、必ずしも諸目標の同時実現をわれわれは考えているのではないことだ。あれこれの次元に沿った私の今日の満足が、他の（またはそのことに関しては同一の）次元に沿ったあなたの明日の満足を除外する場合も、コンフリクトの現実性が弱まることはない。

この関連において、２つの追加的な区分が必要となる。コンフリクトのレベル、およびその種類――「…内部」または「…間」――に関して人は知らなければならない[5]。

レベルに関しては３つのレベル、個人 (person)、グループ (group)、国民 (nation) を区別すれば、通常は十分である。今ここに第二の区分を入れれば、個人内 (intrapersonal) から国民間 (international) に至るまで拡がるコンフリクトのスペクトルをわれわれは得る。もう一歩進めば、おそらく世界内 (intraglobal) ――カール・フリードリヒ・フォン・ヴァイツゼッカーが「世界内政治」(Welt-Innenpolitik) と呼んだ――を付け加えるべきであろう。さらに、世界間紛争 (interglobal conflict) も付け加えられるかもしれない。1976年という早期ではないにしても、今世紀の終わりまでには、ムーン・ティーパーティー (Moon Tea Party) の出現もあり得ないことではない。

アクター内部のコンフリクトは基本的には選択の問題である。アクターは、回避－回避または接近－接近または接近－回避のどれを取るかのジレンマにあり、要するに問題はどこに行くかである。１つの価値の実現は他の価値の実現を排除する。個人・グループ・国民のいかなるアクターのいかなるジレンマで

あれ、その構造はこうしたものである。

　アクター間のコンフリクトにおいては、少なくとも2つのアクターがあり、それらの目標状態が相互に否定的な関係にある。アクターは、どこに行くか、良い生活をどう築くか、あるいは自分の職業の可能性をいかに実現するかに関して、異なる概念をもつ夫婦であるかもしれない。社会的剰余をどう分配するかに関して異なる思想をもつグループであるかもしれない。第三国に対してどのような種類の権力を行使するかに関して高度に不両立的な考えを抱く国民であるかもしれない。続く節においてわれわれは、すべてのレベルにおける両方の種類、すなわち、アクター内およびアクター間のコンフリクトを扱うことにする。しかし、精神における健康、個人内コンフリクトに関する議論に最も密接に関係するコンフリクトのタイプに、できるだけ焦点を絞ることにしよう。

　コンフリクトの定義に関しては以上である。これとは別に、紛争態度および紛争行動として、いわば2つのスクリーン上に写し出されるべきコンフリクトの帰結がある。それらは通常、否定的なものとして見られる。紛争態度は自己または他者に対して破壊的なものとして、紛争行動はこの紛争態度を破壊的な仕方で行動に表したものとして。これらの破壊的な帰結は、論理的な必然性を構成するものではなく、高度に文化的な要素をともなう経験上の帰結であることを、まずは強調しておかねばならない。紛争状態にある社会システムは必然的に破壊的な行動や態度を促進させるとの陳述は、科学的な命題ではなく、1つのイデオロギーであると見られるべきである。とりわけそうしたイデオロギーは、ブラック・パワー細胞におけるとともに超大国の軍事指令部において、否定的・破壊的な行動・態度を正当化するために利用され得るのである。

　以下、こうしたテーマをさらに展開しよう。強調すべきは、紛争の三角形またはABC-三角形と適切にも呼ばれるべき図形の3つのコーナーについてのみ、私はこれまで述べてきたにすぎないことだ。[6)]

　この三角形に関して重要なのは、それが、コンフリクトにおけるA-B-C相

5 生き方としてのコンフリクト

互の強化または拡大をわれわれが分析するのを可能にすることである。われわれはスパイラルのどのコーナーからでも出発できるから、まずはコンフリクトのコーナー（C）から始めよう。当事者双方は彼らの目標状態が相互に排除し合っていることを見出す。そしてこれが相互に欲求不満として経験される。欲求不満の感覚は攻撃性に導く。攻撃性とは単に否定的態度を意味するもう1つの用語である。否定的態度は、今度は否定的行動として表現される。このことは、相手の当事者の破壊に関して、人は単に欲し、望み、または考えるだけではなく、相手の破壊に積極的に手を下すことを意味する——たとえば、相手の抱くある種の価値を剥奪することによって。しかしこれが今度は新しい紛争へと導く。否定的に行動しようとする一方の欲求と、自身の価値を破壊から守ろうとする敵対者の欲求との間の不両立性。しかしこの不両立性は、全体としてのコンフリクトの基底にある基本的な不両立性とは、同一のものではない。戦争当事国が相互に行うすべての有害行為によって、戦争の根底にあるコンフリクトに何かが付加されるのとまさに同じように、そうした不両立性が基本的な不両立性に付加されるのである。そしてこのことがさらに否定的な態度に導く。そして、よく知られている拡大するスパイラルにおいて、これがさらに行動のパターンの拡大に繋がっていく。

あるいはAコーナーにおいて、人はスパイラルを、イデオロギーや伝統によって伝達された、または単にアクター間のコンフリクトの帰結としての、否定的な態度から始めることができる。こうした態度の正当化のために、アクターはコンフリクトを探し求め、時間が十分あれば、それを見つけることができる。さらに、アクターが一貫性に十分に高度な関心を抱くならば、彼はその活動と同じように否定的に行動しなければならないと感じるに違いない。そしてこのことが今度はコンフリクトに素材を与えるのである。逆に彼は、破壊的なコンフリクト行動から始めることもできる。彼自身の行動の正当化のために否定的な態度を発展させ、不両立性のイデオロギーにそれを例証として提示することができる[7]。要するに、三角形において、時計回りであれ反時計回りであれ、破壊的スパイラルを回転させ続けることには多くの可能性がある。そして、いかなる社会的アクターであれ、それらすべてを十二分に利用することが

145

できるのである。

　言うまでもなく、これは危険である。不両立性は何か抽象的だと人は言うかも知れない。しかし、それ（不両立性）は欲求不満に導くという意味において具体的であり、そうした態度は攻撃的であり得るものの、それほど危険であるとは言えない（それがシステムの中に包摂されることが可能な限りにおいて）。しかし、あの破壊的行動は外に向かって行われ、潜在的に最も悲惨な帰結に導くものである。ゆえに、コンフリクトに関して何かが為されねばならず、およそ何も為そうとしない社会システムは世界に存在しないことは明らかである。

　一般にわれわれはこうした努力を紛争管理（conflict management）と呼ぶことにしよう。われわれの見地からすれば、紛争管理とは、社会システムにおいてしばしば見られる紛争管理者と紛争被管理者との間の役割分割である。ここに述べたように、とりわけその帰結においてコンフリクトは重要だから、膨大かつ儀式的な形式的手続きに取り囲まれ、一般的にまさにシステムの中心に位置するために、紛争管理者は高い地位に就く傾向がある——それが聖職者、裁判官、政治家、司令官、または精神科医と呼ばれようとも。

　紛争の三角形は、紛争がいかに管理されるかに関していくつかの手掛かりを与える。コンフリクトは、どのコーナーからも開始できるから、どのコーナーからも停止できる。われわれは、態度または行動を調整することへの努力を紛争制御（conflict control）、紛争の基底にある不両立性を解決する方向への努力を紛争解決（conflict resolution）と呼ぼう。明らかにこれら2つは非常に異なったものであり、通常、紛争管理者に非常に違ったスキルを要求する。最初に指摘しておくべきは、この分野において党派的な見方——たとえば、紛争管理は紛争解決より（またはその逆）ずっと有益である——は危険だということである。非常にしばしば紛争解決には明白な方法がないから、人は態度や行動に制約を加えることによって紛争を制御すべきであることは明らかである。しかし、態度や行動にいかに制約を加えようと、せいぜいそれは紛争の凍結に導くだけであり、いかなる現実的な解決に導かないことも同様に明らかである。

　こうして人がもし態度を完璧に制御し得たなら、今日、紛争へのプロテスタント的態度ときわめて高度に両立し得るように見えるものと、危険なまでに接

近することになる。すなわち、この世界において、それ（世界）は不完全だから、ゆえに紛争は生起し、とりわけそうした理由から、人はキリスト教の世俗的な保護地域を防衛しなければならない[8]。これ自体は悪であるものの、もし当局がそれを命令するのであれば、破壊的な行動が必要となる。そして立派なキリスト教徒に人が求め得る唯一は、このことを、彼らが少なくとも攻撃的な態度では行わない、ということである。彼らの態度は中立的であるべきで、望むらくは、愛するものでさえあってほしい——これは戦争への知的アプローチと高度に両立する理想であり、敵との交戦の抑止・戦略・戦術等の問題に「科学的」に対処する大部分の戦争挑発者に見られるものである。

　しかし、人は行動のポイント（B）において紛争の三角形を攻撃することもできる——あらゆる状況において非暴力的行動の処方箋をもって。これは、態度が問題となるキリスト教的理想と結合するかも知れないし、しないかも知れない。いずれの場合も、人はガンディー的アプローチに非常に近づくことになる。しかしそれはまた、行動の制御を好み、ある種の安全弁として否定的な態度を利用する1つの教義と見ることもできる。こうして人種的なコンフリクトにおいて、人はしばしば差別を除去しようと努め（それは行動に関わるから）、偏見はもと通りそのままに放置する（それは態度に関わるから）。これは、差別は偏見より重大であるという地盤の上でのことである。なぜなら、差別はシステムの中に持ち込まれたものだから。結果は如上の世界とはおよそ正反対なものであろう。それは、憎悪の感情で鬱屈した人々が、非暴力的なそぶりで、歩き回り相互に交わっている世界である。

　そして第三のコーナーには、紛争エンジニアが存在し、あれこれの方法で不両立性を除去することにより、紛争解決を試みている。このアプローチはまた、上述の宗教的・ユートピア的・政治的・社会科学的な様々なバイアスとも両立し得る。その思想はしばしば次のようである。もしわれわれが、根底にある基本的不両立性を見出すことさえできれば、そしてこの基本的「矛盾」を取り除くことができるなら、われわれは多様な収穫を刈り取ることができよう。これ（基本矛盾）は、基本紛争だけではなくすべての導紛争にも起因して、三角形のすべてのコーナーにポジティブに影響するに相違ないから[9]。しかしなが

ら、今日の大部分の研究者に明らかなように、これはある種の錬金術であって、社会秩序における変化およびコンフリクトの源泉を刺し留め、1つの基本的な要素を得ようと試みる一種の危険な還元主義である。

　この問題に関する私の立場は次のようだ。われわれの存在の基本的な様式および条件として、紛争制御および紛争解決のどちらの努力にも私は基本的に同意する。しかしながら、私の考えでは、この戦略は決して紛争の除去に至ろうとするものではなく、ましてや、すべての紛争の全面的除去はいかなる意味においても望ましいものではない。全く逆に、私はむしろ、コンフリクトを積極的な意味で捉えたい。コンフリクトを1つの挑戦として、知的にも感情的にも、目標状態の不両立性を紛争当事者への途方もなく大きな挑戦として。こうしてコンフリクトを、基本的にわれわれの存在を動機づける主要な力の1つとして、変化の原因・派生物・帰結として、社会生活に必須の一要素——生活における空気のように——として見ることができる。

　しかしながら、コンフリクトへのこうした積極的な態度は、否定的・破壊的な紛争態度や紛争行動を人が受容すべきことを意味しない。全く逆に、コンフリクトに対する異なる見方を私は提唱したい。それは、最も偉大な人間精神の1人によってこの問題にかつて捧げられた見方に大いに繋がっている。私はガンディーのことを考えているのだ。彼の基本点のいくらかは次のようであろう。二当事者を遠く切り離すのではなく、不両立性をまさに共有するがゆえに、紛争は彼らを結びつけるのである。不両立性は、彼らを結合・連結する可視または不可視の紐帯として見られるべきである。なぜなら、彼らの運命は連帯しているからだ。不両立性を共有しているがゆえに、彼らはまた、その解決に共に努力すべきなのである。こうしたことは、上述したコンフリクトの否定的な諸帰結とはまさに正反対の、接触および積極的行動を前提とする。

　しかし直ちに異論が出されるであろう。なるほどこうした帰結はきわめて容易に出現し、経験的にも広範囲にわたるように見えるものの、ガンディー的態度は何が望ましいかに関する一つのイデオロギーにすぎない、と。私の論点は、こうしたことはかなりの程度まで文化的なものであり、内在的または固有なものではないということだ。今日のわれわれの文化では、不両立性の発見

は、否定的な態度と行動を人にけしかける信号として機能するように見える。ガンディーが創造しようとした文化は、かなりの程度まで、それとは正反対の帰結をもたらすものであった。不両立性の発見に起因する知的かつ感情的な覚醒が、われわれの文化において、より多くの肯定的な構成要素へ翻案されることは全く想像すらされ得ないと私は決して考えない。しかしこの点のさらなる展開は以下にて行おう。

　これまでのわれわれのテーマは次のようであった。不両立性として考えられたコンフリクトが除去されることはないであろう。また、それは、除去されるべきではない。われわれはさらに2つのステップを踏み出すことにしよう。コンフリクトは決して除去され得ないこと、そして、不両立性として再び認識されたコンフリクトは、年々、また世代を経る毎に、事実において増大するであろうことだ。後者は次節で扱う。前者はここで簡単に触れておこう。

　われわれは、決して無紛争状態には到達しないだろうことを感じる。なぜなら、無紛争状態は人間および社会の基本的ニーズに反しているからである。コンフリクトは欲求不満——事実においてコンフリクトの極限の場合（唯一の目標状態と唯一のアクターがあり、その目標状態がブロックされている）——のようである。実際、欲求不満は、成熟化プロセスの活性化に必須であるように見える。無紛争状態は本質的に死の状態である。なぜなら、死の状態とは、必要と必要充足が完全に一致しているからである。こうした一致のもとでは、努力はなく、喪失の悲哀と獲得の歓喜の振動パターンはなく、リズムがない。一般的な活動カーヴは平坦で、死の際のECGダイアグラムのようだ。ここから生まれる私の論点は、コンフリクトは多くの基本的必要を満足させるから、もしコンフリクトが存在しないなら、それは導入されねばならない、というものだ。いくらかコンフリクトにおいて貧弱な社会は、その活性化のために他のコンフリクトを導入しなければならない。総じて同じことが、どの1人の人間の個人内紛争についても言うことができる。すると、弁証法的プロセスが働き始める。無紛争状態それ自身がそれ自身の破壊をもたらす。紛争が無紛争状態の方向に運動するように、無紛争状態は紛争に導く。この弁証法的な運動は、おそらくきわめて不十分にしか理解されていないに相違ない。私の定式化も理解に

はまだまだほど遠いであろう。しかし、にもかかわらず、こうしたタイプの洞察が基本的であるとわれわれには感じられる。

2 コンフリクトの増加傾向

本節では基本的に、アクター内およびアクター間の両者に関し、目標状態の不両立性という意味におけるコンフリクトを、今後は年々、われわれはますます多くもつことになるであろう、ということを議論する。多くの人々にとって、世界はこれ以上のコンフリクトに耐え得ないかのようであり、また、われわれはすでにその最大限にまで達しているかのようである。しかしこれは再び、不両立性としてのコンフリクトと、破壊的行動としてのコンフリクトとの混同に起因している。ここから、不両立性の最大値があるとしてもはるか先のことである、と私は主張する。

私の議論は基本的に、これまで世界が有してきたコンフリクトの相対的に低いレベルは、相当の程度まで3つの構造的な要因に起因する、とする。それらは、非結合的な世界秩序、封建的な世界秩序、および基本的に予見可能な生活様式である。これらの三要因は今や挑戦を受けており、近い将来も、こうした挑戦の力が弱まる兆候はない。

第一に、非結合的（dissociative）な世界秩序の崩壊に向かう一般的な傾向である。崩壊に向かうこうした傾向は、同質性（homogeneity）に基礎を置いている。基本的なアイデアは、同一の隣接領土単位に住む人間は同一種類であるというものだ。それらは、民族的に同質であり、人士的に同質であり、そしてより現代的な条件においては、同じ国家に属する。構成員はしばしば、議会制民主主義、生産手段の国家的所有といった、ある基本的なイデオロギーの共有を要求される。国民国家はもちろんこうした原理の結晶体である。ここで原理とは、国際政治のレベルにおける、内部の同質性、国家間の異質性のことであり、内部における相対的に強い相互作用、国家間における相対的に弱い相互作用をともなう（ゆえに「非結合的」という語が用いられる）。しかし、かつての都市国家のレベルにおいても、世界の多くの地で見られる現代の農村のレベル等において

5 生き方としてのコンフリクト

も、同じ基礎的構造を見ることができる。このことは、今日すでに存在し、こ
れまでかなりの期間にわたって存在してきた、世界における多くの混合状態
（mixture）——たとえば、ヨーロッパにおいてルネッサンス以降、4世紀にわ
たって行われた奴隷貿易や移住——を否定するものではない。そうではなく、
混合状態に向う、すなわち高エントロピーに向かう、これらのすべての傾向
は、今やより急速に増大していくに相違ないのだ[11]。

　こうした傾向のいくつかはより詳細に説明されねばならない[12]。たとえば、数
世紀前にヨーロッパに出現した古典的な民族国家は、いまやきわめて強力な腐
食化の諸力に曝されている。国境を超える諸主体に向う傾向のことをわれわれ
は考えている。そこでは人々は自らを一民族以上のものと同定する傾向があ
る。人々がそうするのは、他国から配偶者を迎えたり、他国で研究生活をした
ことがあったり、国際機関（政府または非政府、営利または非営利組織）で働いて
いた等の理由によるのである。

　また、多国間組織に自己を同定する型がある。その場合は、他国の市民との
直接的なコンタクトは前提しない。われわれはいわゆるINGO（国際非政府組
織）、すべての国際的職業組織、国境を超えるイデオロギー的結社などとの自
己同定を考えている。そして最後に、超国家との自己同定である。個人は、よ
り多くIGO（国際政府組織）と自己を同定し、通常は民族国家を形成するための
基礎的素材を構成するタイプの感情や忠誠心を、より高いレベルの組織上に投
影する。

　こうしたすべての古典的忠誠の型の転位は、比較的に高い率で成長してい
る。INGOの人数の増加、IGOの人数の増加など、国境横断的結合を創出した
人々の数の増加で判断するならば、それは毎年10〜15％の高率である。もちろ
ん、この分野における組織の発展を心理的変化——それらは相関しているもの
の——と同一視することはできない。しかし、国家的から国家横断的・多国家
的・超国家的存在への移行が、長期的には、より混合した不均質な存在形態を
含意すると想定することはできない。全く逆である。ほとんど不可浸の囲い地
を形成している外国人居留地の例はよく知られている。同様に、国際的な社会
科学者のアソシエーションの会員が、彼ら自身の均質的な社会を構成するかも

しれない。彼らは隣接する同じ領土に居住していないだけである。さらに超国家は古典的な国家のように均一であり得る。要するにこれらはより遠い未来のことである。より直近では、国民国家（明確な帰属意識をもった）と上述の帰属意識との共存がある。そして、こうしたタイプの共存はまさに、無秩序・高エントロピーの世界へ、大規模コンフリクトの形成のより不明確な道へと導くのである。

　しかし、これら3つのプロセスよりいっそう劇的であるのは、世界における生のチャンスの極端な不平等に対する反動として、私が予測するもう1つの事態である。これまでこれは、低開発の問題として定義されてきた。それに対する古典的な処方は低開発地域の開発であった。周知のように、きわめて大量の思考と制度構築がこのアイデアに注がれてきた。これは賞賛すべきであり、間違いなくさらに推進されるであろう。しかし、これは国民国家内において生起したことに的確に対応するものではない。おそらく、資本、専門的知見、マンパワーの投下によって周辺地域は開発されて来たであろう。しかし、同じく重要なことは、開発の恩恵に浴しない非特権地域における、開発の中心に向かう人々の大量移動であった。生のチャンスの平等化機構として、この要因はおそらくきわめて重要であって、今後、世界レベルで起こらないと信ずべき理由はあり得ない。われわれはすでに、こうした要因が英連邦内部において働くのを見る。明らかにイングランドが、人々を牽引する主要な中心である。われわれは西ヨーロッパでも同じものを見る。一時的な労働の移動であるにしても、不運な地中海沿岸地域から、開発の進んだ地域へと人々は引き寄せられる[13]。これらすべての結果として、今後は年を追って、人々は、彼らの隣人が彼らとは外見が異なり、行動も異なるのを見出すであろう。そして人々は、伝統的な同質性の環境に守られることがますます少なくなるであろう。

　第二の要因は、ある種の封建的な世界秩序の崩壊である。私は、封建的システムを、ランク相同（rank concordance）と、ランク付けに著しく依存する相互作用の型との組み合わせに基礎を置くものと考える[14]。ランク相同という概念は、システムにおけるアクターにとって2種類の傾向を意味する。すなわち諸アクターは、あらゆる可能な次元において、高位にあるか低位にあるかのどち

5 生き方としてのコンフリクト

らかである。システムが諸個人から成る場合、社会はよく知られた次のような
ものとなる。一方において、都市に居住する白色・金持ち・高い教育水準の
人々が存在し、他方において、田舎に住む貧困・有色・無教養の人々が存在す
る。そして、そうした明白なパターンから逸脱する人々は、ほとんど存在しな
い。システムが国々から構成される場合、一方において、大国・人口稠密・富
国・強国の国々があり、他方において、小国・人口過疎・貧国・弱小の国々が
ある。これらのシステムの特徴は、混合のカテゴリーがめったに存在しないこ
とである。すなわち、有色人であると同時に金持ちまたは高学歴である、ま
た、きわめて小国であると同時に核兵器国であるといったことは、概ね存在し
ないのである。「高－高－高」そして「低－低－低」という明確な区分があると
き、明らかに、後者に対する前者の力は巨大なものとなる。

　そして第二の性質。良きにつけ悪しきにつけ、相互作用は、「高－高－高」
間、各「高」間、「高－高－高」から「低－低－低」へ、に専ら限定され、各「低」
間の直接の繋がりはほとんどない。それらは封建領主に相対する農奴のようで
ある。そこではより高レベルを介しての相互作用の線があるだけである。再
び、これが本当であるほど、トップ・レベルのボトム・レベルに対する力はよ
り高位になる。そしてこの力は、粗野ではなく、強い力で必ずしも守られるこ
とはない。むしろそれは、ランク相同および相互作用依存性によって構造の中
にビルト・インされた、構造的力として見られるべきものである。この2つの
要因がより完全になるほど、支配的マイノリティーはより少数であることがで
きる。ローデシアにおけるアフリカ人に対する支配は4％の白人によって行わ
れ得るのである。

　封建的秩序はしかし、世界のあらゆる部分およびあらゆるレベル（個人間・
グループ間・国家内・国家間）において、今や崩壊しつつあるように見える。こ
うしたプロセスは、ある場所またあるレベルでは、明らかに他より急速に進行
している。しかし、平等主義の一般的・世界的イデオロギーは、封建的秩序と
は正反対であり、封建的秩序の命数はもはや尽きている。ただし、それが新た
な他の装い――たとえば、個人にとって家族ではなく教育を背景とすること
や、国家にとって軍事力ではなく開発のレベルを基礎とするなど――のもとに

153

現れる場合を除いて。

　具体的には、これは次のことを意味する。社会組織のあらゆるレベルのアクターにとって、ランク不均衡――1つの次元では低位にあり、他の次元では高位にあり、全体としては上昇への平等化の熾烈な欲求をともなう――の状態に入る、ますます増大する傾向が見られることだ。とりわけ重要なのは、正反対の方向において不均衡にある、2つのアクター間の関係である。典型的な例を示せば、高学歴の黒人と貧乏な白人との関係。今後われわれは、こうしたランク不相同のペアをますます多くもつことになろう。彼らの関係はほとんどつねに高度に紛争的である。これに対し、彼らは撤退または孤立という手段で対処するだろう。しかしまた、直接的に対峙・抗争するかもしれない。双方とも、通常、社会的に稀少な商品である「高－高」の地位を希求するからにほかならない[15]。

　このように、一般的には、古い、相対的に安定的なランク相同のパターンの崩壊は、アクター内およびアクター間の両者のコンフリクトに、さらに、きわめて破壊的な行動に、導くであろう。そしてこれは、古い封建的な相互関係秩序の崩壊によって加速される。今日における「負け組」(underdog)は、団結し、彼ら自身における相互作用をいっそう増加させようとする傾向にある。そして彼らは、構造的にビルト・インされた封建的領主の権力に、彼らの力を対置し、直接に対峙することができる。非常にしばしばこうした「負け組」のリーダーシップは、ランク不均衡の状態にある者――比較的トップに近い、高学歴のしかし権力のない個人あるいは開発が進んだしかし比較的小さな国――から補充される。

　もちろん、この「負け組」革命の増大する潜勢力――それには「負け組」の組織が必須――の根底には、コミュニケーションと交通手段の一般的な革命がある。こうした手段が安価であるほど、そして、その配分が平等になるほど、封建的秩序の維持はいっそう不可能になる。こうした技術革命が後退することはまずあり得ない。むしろ加速の度を強める。そして、平等主義のイデオロギーが後退することは同様にあり得ない。ゆえに、それは国から国へ、組織から組織へと拡大するであろう。すなわち、あらゆるレベルにおいて、封建的構造の

5 生き方としてのコンフリクト

命数はまさに尽きようとしているのである。

そして、未来に対するわれわれの関係という第三の要因がある。われわれはここでグローバルな面および個人のライフサイクルの面の両方を考えている。両者に共通の要素がある。途方もない不確実性と柔軟性とである。物理的・社会的技術の発達によって、人間は今や、以前よりはるかに大きな未来形成力をもつに至った。しかし、まさにこうした理由から、何が起こるかを事前に知ることを以前に比してわれわれは少ししかできない。以前の世代は、十分な理由をもって、多かれ少なかれ未来は現在と同じであると予測できた。なぜなら、多かれ少なかれ現在は過去と同じであったからだ。時折、彼らは間違った。ルネッサンスやフランス革命を彼らは予測し得なかった。しかし彼らは大体において正しかった。一世代のライフサイクル中に人が自由にできる物理的・社会的技術の大きな変革はなかったからだ。個人のライフサイクルも同じであった。教育を一旦受ければ、彼は、社会科学者が言うところの「社会化」され、高度に予測可能な生涯のパターンを送る。通常は、移動のない１つの職業に結び付いた人生である。来年は本質的に今年と同じであり、今年は本質的に去年と同じである。

こうした要素は、明らかに予想における安定性をもたらし、個人がライフスタイルを発展させるのに十分な時間を与えた。それによって彼は、直面する不両立性を解決することができた。なぜなら、明日の不両立性は今日の不両立性の繰り返しだから。しかし将来、こうしたことはますます通用しなくなる。

個人は、より複雑な役割集合、地位集合に曝されるであろう[16]。彼は今日、相互に不両立と見なされる生活の地位を、より複雑な方法で結合せざるを得ない。自分のライフサイクル中に１回ではなく数回も職業を変える。２つだけではなく、それ以上の仕事を同時に行う[17]。要するに彼は、自らの生を豊かにし、様々な生を送るために、一人・一職業・一人生という長年のパターンを拒否せざるを得ない。しかし言うまでもなく、これは生を極度に複雑にし、情報の過多は言うに及ばず、より多くの不両立性や交差する圧迫をもたらす。これはそれ自身が矛盾と言うことができよう。交差する圧迫や情報過多から逃れる１つの方法は、一生を通じて１つの職業を追求するパターンを固守することであ

155

る。しかし今や、人は、そうしたパターンが形成された時よりはるかに長く生き、将来はもっと長く生きるかもしれないことを安易に忘れがちである。さらにまた、拡張された一生の間に、社会の高エントロピー化も含め、彼らが組み込まれた社会が劇的に変わるかもしれない。結果として、コンテクストの変化によって、前の世代にとっては「同じ」職業と見えるものが、そうではなくなるかもしれない。変化から自らを守るために、人は真に変わらねばならない。人は、変化の流れの中に生き、自らを変えていく存在なのだから。

こうした戦略は、未来に関する不確実性への応答として、多くの個人によって追及されるであろう。未来が現在の延長としてある程度予測できた比較的に前の世代にとって、ユートピアは日常の可能性から乖離していた。超越的パラダイスあるいは想像力豊かな思想家の夢の中にそれはあった。そしてこの世界からユートピアへの移行について何も示されなかった。もちろん、宗教システムにおいては、解放の思想があり精神の共同体があった。しかし、これは政治的な概念ではなかった。今日、まさに自分たちの未来のために多くを行う能力が人間にはあるから、ユートピアは、ある意味においてわれわれに近接し、それゆえ多くの人々にとって確実に失われてしまった。[18]ユートピアは現在の外挿法と見られるため、相対的に正確に定義し得る一定の政治的施策をともない、われわれにとってそれほど魅力的ではなくなった。それは、われわれの至高の想像力における隔離された秘儀の場所ではもはやなくなった。実現され得るという事実によって、潜在的に神聖を汚すものとなった。実現され得るという、まさにそのことによって夢の実現が短命に終わり、幻滅が結果するのを人々は恐れるのだ。実現され得ない夢が、少なくとも近似的に実行されるプロジェクトよりも、より魅力をもつのであろう。

これら三要因（非結合的世界の崩壊、封建的世界の崩壊、および未来の不確実性）を念頭に置くとき、個人にとって論理的な戦略は、同質性の最小単位である家族への回帰であろう。同形配偶に関するすべての研究からよく知られているように、配偶者は類似している。似た者同士の結婚。相関係数はきわめて高く、「愛」と言われるものは「自己愛」「ナルシシズム」のきわめて強い要素をもち、交際期間はかなりの程度、自分と十分によく似た異性を見つけ出す探究行動だ

5 生き方としてのコンフリクト

と信じたくなるほどだ。[19] その認識の瞬間、鏡としての他人に自分自身を見た瞬間は、「一目ぼれ」と言われる。これはもちろん、相補的な要素である相違を過小評価するものではない。あの可視的な「氷山の一角」に似ていると言いたいだけだ。社会化を通じる生物的・文化的伝達によって子孫は両親とよく似ているから、こうした類似の領域すなわち同一性は、少なくとも核家族の内部において拡大される。

しかし、核家族もまた、かつてなかったほど過酷な脅威に曝されている。第一に、世代が相互に対立・競争するという、家族内に新しい垂直的なコンフリクトが起こっている。世代間コンフリクト、あるいは年齢集団間コンフリクトは、もちろん主として教育革命——しばしば両親が得ることのできなかった知識を今日の青年に与える——に起因する。それはまた、親の世代の知識をもはや不要とする知識革命に因る。親世代が世界のイメージを形成して以来、知識の量的な蓄積だけではなく、今日急速に進行しつつあるように見える質的なパラダイムの変化にも因る。[20] こうした傾向が継続しない理由はほとんどない。その最終結果は、世代間の増大する無関心・非類似・不均一である。

しかし家族はまた水平的コンフリクトからも被害を蒙るであろう。産業化が拡大家族に行ったと同じことを解放が核家族に行っているかのようだ。よく知られているように、拡大家族を背負ったままでの移動は、地理的または社会的に、水平的または垂直的に、困難であった。産業化が移動を不可欠にしたため、拡大家族は分裂を余儀なくされ、構成要素の核家族に分割された。メタファーに固執すれば、老人は「降下物」のようにシステムから取り出され、老人ホームに隔離され、「老年学」の問題として言及されるあらゆる残酷や悲惨が生み出されることになる。

しかし、男女が2人とも職業を独立に追求するとき、コンフリクトの問題が直ちに生じる。彼/彼女は職業を追求しつつかつ共に生活できるだろうか？要するに、街や市や村など彼らの生活の場が、異なる職業の追求を許容するだろうか？　かつてこの問題は非常に簡単な方法で「解決」された。女性が職業を放棄した。今日ではしばしば、受けた教育を職業に生かすことを女性が抑制することにより問題は「解決」される。「夫のキャリアは私のよりも重要」と言

157

う。しかしこれはいかなる意味でも安定的な解決ではない。将来の都市が、配偶者にすべての可能な職業の組み合わせを提供できるとは考えられないから、多くの夫婦は害を被ることになろう。かなりの程度これはコミュニケーションの問題だとの反論があり得る。異なる場で、夫と妻が独立に職業を追求できるような、彼らが自由にし得るコミュニケーション手段があれば、過去において配偶者が共に暮らしたと同程度に彼／彼女が共に暮らすことができよう。しかし、その程度にまでコミュニケーションが発達するのには、かなりの時間を要する。当面は、発散現象がかなり加速するであろう。

　以上の最終結果は、従来に比してより多く、個人が無防備に外部に曝される世界である。それは退屈では全くなく、逆に、以前にも増して魅力的な世界である。さらにこうした発展は、大規模な戦争を不可能にする、かつてなく大きな可能性ないし蓋然性をもっている。理由は、簡単である。大規模戦争は、非常に低いエントロピーのシステムを前提にする。そうしたシステムの形成は、非結合的・封建的・予測可能という過去のルールに従って行われるからだ。[21]マクロ・レベルでの非秩序的かつ乱雑な高エントロピーの世界平和は、ある意味において、ミクロ・レベル——とりわけ個人の内部——での極端なコンフリクトおよび無秩序という高価な犠牲の上に形成される。[22]こうした発展に付随して、われわれは、伝統的なある種の紛争解決メカニズムの崩壊を認識できるであろう。私はとりわけ次のことを考えている。[23]

　第一に、コンフリクトの抑圧という古いアイデアがある。部分的にコンフリクトの存在を否定することによって、そして部分的にコンフリクトを発見しないことによって。しかしこれは、多くの知識人や、とりわけ多くの社会科学者が存在する開いた社会においては不可能であろう。彼らの仕事はとりわけ、社会構造をあばき、社会を透明化し、コンフリクトの境界を居住者に見えるように可視化することである。知識人一般、特殊的には社会科学者の出現の高い増加率のもとでは、[24]極端に強い検閲、または「純粋研究」や「客観性」[25]など強いアカデミックな規範のみがこのメカニズムが開花するのを妨げることができる。最終結果は、いかなる個人さえもが、こうしたコンフリクトやその定式化を受け入れるための手段を提供され（これらのコンフリクトがより客観的な眼には存在

158

5　生き方としてのコンフリクト

しないときでさえ）、これが彼の一般的な世界の見方を色づけるのである。

　そして、目標の位階化（hierarchization）のメカニズムがある。アクター内の
コンフリクトでは、アクターがジレンマにあるとき、彼が直面する複数のオル
タナティブを階層化（stratifying）する手段としてこれは役立つ。これによって
彼がどの面を選ぶべきか明快な手掛かりが与えられる。アクター間のコンフリ
クトにおいては、目標状態の階層化よりも諸アクターの階層化が問題となる。
その結果、低ランクのアクターは高ランクのアクターに屈伏する。しかし、よ
り多くのそしてより複雑な社会システムに曝され、また重い位階化に基礎を置
く封建的構造の排除にともない、両メカニズムとも、価値の混乱および交差す
る圧力の増大によって崩壊するであろう。ランク不均衡（rank disequilibrium）
の増加によって、位階は明快ではなくなり、輪郭のはっきりした紛争決定のた
めの基礎はほとんどなくなりつつある。

　第三に、取引のメカニズムがある。これは妥協あるいは「馬の売買」（駆け引
き）という形をとる。しかし両者は、その取引の中に一番多くを投げ入れた者
に味方するという性格をもつ[26]。換言すれば、勝ち組（topdog）を有利にするテク
ニックである。より平等な社会において、これらのテクニックは復活するかも
しれない。しかし、われわれが入ろうとしている封建的構造が崩壊しつつある
期間では、起こり得ないことではないものの、こうしたタイプの紛争解決にお
いては、勝ち組があまりに多く利得するから、取引メカニズムはますます受容
され得なくなるであろう。オルタナティブは、分極化そして交渉からの撤退で
ある。そしておそらくは、破壊的な紛争行動であろう[27]。

　そして、儀式あるいは制度化された紛争解決のアイデアがある。たとえば、
ヨーロッパ的高貴によるフィジカルな決闘、そしてエスキモー的コトバの決闘
である[28]。しかし、われわれの時代は儀式に乏しく、その受け入れは低レベルで
ある。理性と科学主義のイデオロギーがかくも長期にわたり流布しているた
め、儀式も少なくとも高度に科学的でなければならない（それが何を意味するに
せよ）。しかしこれまでのところ、機能する決闘の等価物の考案に大きく成功
した者はいない。かつて紛争解決の制度化された儀式的な方法であった戦争
は、今や全面戦争の方向に動き、極端に破壊的になった。そして非暴力のオル

159

タナティブはまだ出現していない[29]。

　最後に、これに関して、紛争管理者と紛争被管理者との間に新しい紛争境界線が今や出現しつつある。紛争管理者は社会秩序体制とますます一体化しつつある。彼らはそうした体制の一部であり、自らの権力地位を守ろうとする彼らの利益は暴露され、挑戦を受けることであろう。彼らの紛争の叙述・理論は、通常、彼ら自身の権限を最大限にするから、反感を惹起するであろう[30]。しかし、アクター内およびアクター間コンフリクトの多くの解決方法は、事実において紛争管理者の権威に基づいているから、このことは、われわれが今日当然と受け止めている、紛争解決および紛争制御メカニズムを実質的に掘り崩すことを意味または示唆する。聖職者・裁判官・政治家・精神科医——彼らはすべて、かくも幾世代にもわたってまさに成功者であったがゆえに、おそらくは今後、その権威が深刻に挑戦を受けることになろう。

　要するに、紛争管理の観点からすれば、われわれはこれから平穏な時代に入りつつあるとか、われわれは静かな海を航海するであろうとかを信ずべき理由は何もない。このことはもちろん次の一般的な問題を提起する。われわれは一体どう対処すればいいのか？　何か一般的なレシピがあるとは私は考えない。しかしおそらくは創発すべき論点がいくつかあるに違いない。チャレンジへの応答がすでにいくつか示唆されている。

3　コンフリクト・チャレンジへのいくつかの応答

　最初の反動として、上述の諸傾向のいくつかは逆転されるであろうとの主張があるかもしれない。そうした傾向はきわめて危険だから、過去のより紛争吸収的または紛争解消的なパターンへの回帰が起こるであろうというのだ。

　すでに述べたように、新しい非結合的・封建的秩序が世界に出現する可能性がある——今度は領土ではなく（コミュニケーションの増大するスピードが、社会的組織の基礎として領土をますます不要とする）、結社（association）に関して[31]。しかしこれは、第一に、多大の時間を要するプロセスであり、第二に、必ずしも望ましいものではない。非結合的そして封建的秩序の組み合わせは、社会組織の

5　生き方としてのコンフリクト

原始的形態であり、個人に関わる同質性および明快な位階制を保存し、紛争がいかに解決されるべきかの糸口を与える。しかし、それはまた、一般的には人間の条件の多様さと豊かさとから、特殊的には定形化された社会的経験から諸個人を遮断する。

　われわれはまた、われわれを無垢な状態に連れ戻すある種のネガティブ・フィードバック、低レベルでの生存基盤における自給自足の非常に小さな共同体での新石器時代的生存など、より単純な社会への回帰に頼ることはできない。そこでは、これまで述べてきた不両立性の源泉が存在しない、きわめて単純な社会構造に人間は組み込まれている。もちろん、この種のネガティブ・フィードバック的な現代の例証はある。私の念頭にはヒッピーランド——ヒッピー達が創出しようとする小さな共同体——がある。[32] 現代文明への主要な反抗を彼らが形成しているのは間違いない。しかし、大多数の人間のために、社会生活のオルタナティブな形態を彼らが形成しているとはとうてい信じ難い。さらに、こうした共同体が、抗議のための囲い地として、本当に自立的か、あるいは現代社会秩序の単なる補完物の意味しかないのか、という基本問題がある。

　これら後ろ向きの２つのメカニズムが大体において除外されれば、結論は明白である。それを打ち砕くことができないのなら、一緒になれ。コンフリクトを取り除けないのなら、自分の考えをそれに適合させよ。コンフリクトを、うるさい厄介もの、完全なチャンネルのノイズ、静かな水面の時ならぬ波紋ではなく、生の塩（the salt of life）、大きな活力源、くすぐり、じらしと見るようにせよ。換言すれば、コンフリクトを生活の一形態として扱うのだ。われわれを真に試練に立たせ、終にはマスターさせ、最も生きがいを感じさせるのは、われわれが生活においてコンフリクトに直面している時にほかならない。

　ゆえに第三の提言。コンフリクトに自分の考えを適合させ、より積極的な見方を展開せよ。しかし、これは同時に、われわれがコンフリクトへの洞察をいっそう発展させ、しばしば悲惨をともなう帰結を抑制できてこそ意味がある。ここでの基本的な命題は次のようだ。コンフリクトの存在と、破壊的な態度・行動との間には、必然的かつ論理的な関連は何もない。神学者であれ、政治家であれ、社会科学者であれ、人をしてそうした関連性を信じさせようとす

161

る者は誰であれ、単に彼の文化的な偏見を表明しているにすぎない。すべての
コンフリクトは問題を構成するものの、そこにはチャレンジがある。個人内コ
ンフリクトはむしろ紐帯と見られるべきものである。それは、自分の人格にお
ける対立する諸傾向間を繋ぎ、一般的には人間が、特殊的には自分が、いかに
豊かであるか——少なくとも潜在的には——を示す方法である。同様に個人間
コンフリクトはアクター間の紐帯と見られるべきであり、われわれの運命と苦
境がいかに他のアクターと結合しているかを示す。コンフリクトは、アクター
間に打ち込まれた単なる楔ではなく、諸アクターを一体化させるものなのであ
る。

　この見解の帰結は多くある。しかし、コンフリクトにおける態度と行動に関
する一つの主要な規範に要約することができる。すなわち、分極化してはなら
ない[33]。換言すれば、敵対者を避けるのではなく、彼とのコンタクトを維持せ
よ。敵対者を孤立させ彼と闘うのではなく、敵対者と対話せよ。伝統的・破壊
的な紛争のステレオタイプの奢侈と享楽にふけるのではなく、白黒的な二元論
的思考の流れをくい止めよ。1つは敵対者から他は自身から由来する現実の対
立するイメージを、精神の中で共存させよ——少なくとも一層の発展がイメー
ジの主要な見直しに導くまで。様々なイメージの1つを抑圧することは、違っ
て見えるからと言って、コインの他面を抑圧するのに少し似ている。

　換言すれば、アンビヴァレンス（両面価値性 ambivalence）に耐えよ。成熟した
人格とは「首尾一貫」した人物のことであり、欲求不満になれば、攻撃的な思
考や攻撃的な行動の完全なシステムを展開し、これらすべての否定的諸要素が
相互に強化され1つのシステムに固化される、といった思想は完全に排除せ
よ。「アンビヴァレンスの忍耐」は、過去においてしばしば1つのスローガン
であり、独裁主義者とは正反対の民主主義的人格の1つの側面とされた。それ
は1つの特性であり、訓練された社会心理学者が他の（独裁主義者以外の）人格
の諸性質と相関があるとし、訓練された社会学者が社会組織と相関があるとし
たものである[34]。それは成熟の証すなわち一般的に善と考えられた——ただし、
コンフリクトが拡大し始め、正反対の性質がまさっていると考えられたときを
除いて。未来において「アンビヴァレンスの忍耐」は単に興味ある賞賛すべき

性質となるだけではなく、生存に必須のものとなろう。人間は地理空間的にも時間的にも、彼の社会生活において両面価値的に生きることを余儀なくされるであろう。しかし実際にはそれへの忍耐はあまりにも少ないかもしれない。人は現実的にアンビヴァレンスを好まなければならない。

より具体的に、紛争の増大から生起する挑戦に向き合うため、ミニプログラムを定式化する試みを行おう。

紛争学（conflictology）という科学

この科学は今やかなりの期間にわたってすでに出現している。とりわけミシガン大学の紛争解決センターでの先駆的な仕事。紛争学とは、学際的なあるいはむしろ学問横断的な営為であり、組織のすべてのレベルにおいてコンフリクトを理解・研究しようとする。少なくともそのように広く定義される。それはコンフリクトおよびその種々の現れ方――個人内レベルから国家間レベルまでの――における、同じものと異なるものとの探究である。既存のすべての社会科学――心理学から国際関係学まで――によって開発された洞察や技法が援用される。このようにして学際的な仕事に１つの焦点が与えられることになろう。すなわち、そのすべての分岐におけるコンフリクトの研究である。

この意味で紛争学は平和研究と類似するであろう。しかし同一ではない。両者の間には少なくとも３つの違いがある。平和研究は大きなグループ間の関係（グループ間および国家間の関係）に焦点を当てる。平和研究はコンフリクト関係だけではなく、一般に調和的そして協力的な関係にも関心をもつ。平和研究はより純粋な紛争研究よりも応用や政策提言により焦点を当てる。しかし、平和研究と同じように、紛争学は種々のレベルの紛争間の類似や差異だけではなく、それらの相互関係にも焦点を当てる。こうして紛争学は、異なるレベルの紛争間の因果的関係の探究にも深く関与するであろう。たとえば、還元主義的諸理論――すべてのレベルのコンフリクトに関して、階級間コンフリクトの現れと見るマルクス的見解、あるいは人格間（超自我 Superego とイド Id 間）コンフリクトの現れと見るフロイト的見解――とも深く関与する。

紛争の科学は、一般的な下位区分、すなわち紛争の発生、紛争の動態、紛争

の解決をもつであろう。最初の２つは、人間が紛争に直面したとき、何が彼等に起こるかに人間の眼を開かせるのに重要ではあるものの、われわれの精神においては、最後の１つに重点が置かれるべきであろう。一般的に紛争管理、特殊的には紛争制御および紛争解決が問題になるとき、想像力（imagination）の展開が最も重要かつ有望である。そしてこのことは直ちに次の点に導く。

学校の課目としての紛争学

　われわれの環境、われわれの生存にコンフリクトがますます重要な要素となるのであれば、コンフリクトに関する知識――コンフリクトを考えるための概念装置およびコンフリクトを喚起する想像的思考とともに――をできるだけ早く普及させることが緊急事である。高等教育に基礎を置く社会において、これを行う伝統的方法は、学校の教科として紛争学を立ち上げることである。私は深く考えた上で真面目に言っているのである。歴史教育のような、生徒に過去のコンフリクトのある種の洞察を与えるきわめて間接的な手段――今日と未来の大部分の人々が生きるタイプの状況にはきわめて低い普遍性と極端に低い応用性しかもたない――を使うよりも、より直截的な方法が有効であるだろう。

　しかしそのために250頁の教科書を使うという、伝統的アカデミックのアプローチを考える必要は全くない。より重要なことは紛争解決の事例を用いるケース・スタディであろう。そしてとりわけ生徒たちに、自分たちの力で一般的に紛争管理の様々な型を、特殊的には紛争解決をとことん考えさせることであろう。コンフリクトの記述に基礎を置く多くの練習問題が考えられよう（これにはコンフリクトを適切に記述する諸要素の認識の練習が含まれる）。これによって当該のコンフリクトから脱出する方法の提案も含まれる。重点は、コンフリクトがいかにして社会と個人の変革の原因であり結果であるところの活性策として、またエネルギーの源泉として利用できるかに置かれるべきである。

　コンフリクトの解消の１つの方法――ある意味で最も満足すべき方法――は、根底にある不両立性の解決である。このことはしばしば状況の完全な再構築という手段によって行われる。こうして産業化と拡大家族システムのどちらをも社会が達成したいと望む場合、社会学者は単純に、それは一つの基本的な

5　生き方としてのコンフリクト

社会内紛争にすぎないと言うであろう。先述した理由から、拡大家族の保持と産業化の同時達成は不可能である、と。しかし、果してそうか？　その根底には少なくとも2つの仮定があるのではないか？　コミュニケーションが緩慢かつ非効率であること、そして社会制御が空間的な近接作用に基礎を置いていること。もし産業化プロセスが工場の壁の中で行われるのであれば、労働者を輸送コストの削減のため工場近くに住まわせ、そして作業長の監視のもとに工場内で働かせることが有利である。しかし産業化プロセスが高度に分散化しているならば、1つの小アイテムがここで生産され、別の小アイテムがあそこで生産され、すべてが大きな地区にあり、そこにおいて拡大家族は農場に住み、農場での作業に加えて、こうしたタイプの産業にも参加する十分な時間的余裕がある。すると完全に違った描像が得られる。[36]これは高度に効率的なインフラストラクチャーに基礎を置く。部品と資材の輸送を許容し、コミュニケーションの普及を許容するのである。そして高いレベルの正当化された信用と信頼がおそらくは必要とされよう。換言すれば、不両立性はいくつかの基本的諸仮定を疑うことにより、そしてそのオルタナティブを見つけることにより解決されたのである。

　これはきわめて一般的な鍵であり、社会科学に関するわれわれの見解全体に関連していよう。社会科学の仕事が不変性 (invariance) の発見であるとするなら、その意味は、排除された可変性 (variance) の組み合わせを指摘することである。たとえば、「拡大家族」は「産業化」を排除する。[37]このことは、社会科学それ自体が、不変性の探求において、解決ではなく不両立性そのものに焦点を当てる傾向にあることにほかならない。社会科学者は彼の発見した不両立性を「法則」(law) として提示し、その「法則」がもはや妥当性をもたなくなる諸条件について、焦点を当てようとはしない。

　個人的には私は社会科学の法則を信頼しない。法則が誤りであるというよりもそれらは不完全だからだ。第三の諸変数に関して、その根底にある「他の事情が同じならば」(ceteris paribus) という仮定がない社会科学の法則の場合をわれわれは知らない。通常、仮定とは、すべての可変性は観察者が観察したときの価値を保持しているというものだ。しかし、こうした見解は高度に自民族中

165

心主義的（ethnocentric）であり、高度に時間と空間に制約されている。それは方法論の狭いフィールドのはるか外にまで意味を保存している。こうした「法則」はわれわれの想像力を制約し、人間そして社会生活をそうでない場合に比してより貧しくする。これとは正反対の態度は、各々の社会科学の法則とはそのもとで法則がもはや真ではない諸条件の探求に導くというものである。人間の条件に関するそうした態度は、より豊かな組み合わせの多様さ、したがってより豊かな見解、そしてより豊かなリアリティに導く。その結果、社会科学の法則に関する後者の見解は、不両立性を受容することはなく、そうした不両立性が解消する条件を即座に問うのである。そしてこれはコンフリクトの解決を意味する。もちろんすべての不変性がコンフリクトを定義するのではない。すべての可変性が目標状態の中で終焉する価値次元ではないからである。しかしこれはさほど重要ではない。重要なのは、不変性に対する一般的な態度であり、これまで述べた２つの見方に内在する社会状況の一般的な見解である。より創造的な、ここで提唱された開かれた態度こそが、学校で活性化されねばならないものと私には感じられる。

　もちろん近代教育のレパートリーの中では、練習によって想像力を活性化する努力よりも、入手し得るより多くの可能性が確かにあるに相違ない。多くの不両立性を紹介し、それらがいかに解決されるかとの問いとともに提出されれば、おそらく多くが得られるであろう。しかし社会のリアリティにより近づくために、シミュレーションゲームもまたロールプレイングとともに利用することができる[38]。こうしたゲームは多かれ少なかれ、コンピュータ－コンピュータ、人－コンピュータ、人－人という組み合わせでプログラム化が可能である。実際、多くの可能性がある。しかし、以下で述べる豊かな可能性と同等であることはできない。

紛争参加

　今日多くの社会では、若者はその生の15-30％を学校（初等・中等・高等［高校・大学]）で過ごす。彼らのほとんどは、彼らの生のこの期間をきわめて早く、ほぼ６歳から始めるのが習慣となっている。このことは、コンフリクトに

関して、学校生活が、より抽象的な方法によって学ぶだけではなく、紛争態度や紛争行動を実践すること——この方がより建設的である——をも学ぶ、優れた機会であることを意味する。この期間中、彼らは教育機関内部において、少なくとも個人内からグループ間までのきわめて多様なコンフリクトを生きることになる。

こうした経験に乗じて学校生活に積極的にこれを取り入れればどうか。これには、グループ・セラピー・セッションから学校・大学における民主主義の様々なあり方まで、多くのフォーミュラがある。前者はコンフリクトにおける主として感情面でのチャレンジの提供であり、後者は主として知識面でのチャレンジの提供である。それらすべては、未来においてわれわれが開発すべき形式は言うまでもなく、コンフリクトへのより創造的なアプローチにおそらく何らかの寄与ができよう。そうした上で、いっそう広い視野においてそれらは見られるべきなのである。

紛争管理の民主化

既述のように、紛争管理は紛争管理者と紛争被管理者の2つの役割の間に楔を打つ傾向がある。紛争管理者は通常、社会においてきわめて高い地位を与えられ、これはランク付け秩序の問題ともなるから、これら2グループ間のコンフリクトは階級色を帯びることになる。こうしてそれは「負け組」革命の一部となる。こうした革命の一般的構造に関して私が述べたことは、紛争管理者と紛争被管理者間コンフリクトの関連においても妥当する、と言っても今日において不当ではないであろう。紛争管理の民主化——洞察力の分配、紛争被管理者を紛争の客体から紛争の主体へ引き上げるコンフリクトの対処方法等を内容とする——を希求する普遍的な叫びがある。精神病院、また治療共同体の理念の中にわれわれはこれを見出す[39]。出現しつつある理念である囚人労働組合の中にわれわれはそれを見出す[40]。すでに長期にわたり、社会の政治組織レベルにおいてわれわれはそれを実行している——大衆の同意・支持に基づく代議制および正当性という形式において。そして今日、人間の組織のミクロ・レベルにおいてわれわれはそれを見出す——学校デモクラシー、大学デモクラシー、産業

デモクラシーという形式において。[41]

　こうしたすべてケースにおけるフォーミュラは大体のところ同じである。すなわち、コンフリクトはわれわれすべてに影響する、ゆえに紛争管理はすべてに属する。しかし過去の傾向は、いかなる組織（規模にかかわらず）の指導者であれ、滑らかな表面を示すこと、コンフリクトと困難からランク（位）とファイル（縦列）を防護することであった。指導者はしばしばリーダーシップを、混乱と問題を隠蔽し、孤独にかつ上から基本的紛争と問題に対処し、その見返りとして高価な威信を購う能力であると同定してきた。正当性は、これがいかに効率的に行われるかという関連の下に定義されてきた。良い両親とは、子供からすべてのコンフリクトを隠蔽し、生は本質的に欲求不満とコンフリクトから自由であると子供たちに信じさせる、そうした能力がある両親であると見なされてきた。

　しかしこれは高度に危険な伝統である。それはコンフリクトが人々にもたらす困難に対して彼らを準備から遠ざけ、無防備状態にする。なぜなら、多くのトレーニングの機会が失われて来たからだ。それは人々に正当に属するものから彼らを疎外し、紛争管理を組織の上層のレベルの独占物にする。組織の勝ち組に極端に低い共感しかもてなくする。彼らが紛争の処理においてもつ困難と、負け組に提示しようとする表面上の滑らかさとの間には、ほとんど対応関係がない。これが今度は、指導者・管理者・監督になるとは何を意味するのかに関して幻想を作り出す。人が年齢を重ね、社会の現実に向き合ったとき、その幻想はひどい失望に変わる。

　要は、紛争管理の民主化に好意的な議論が存在する。そしてその多くは今日、一般に新左翼（New Left）と呼ばれている運動と連動している。私がここで行おうとしていることは、こうした議論のいくばくかを違った視野のもとに置いて見ることであり、そしてそれは重要なことに思える。自らの置かれた条件の主人公になることで、自分自身からの疎外を減少させ得るからである。こうしたすべては社会参加および公共決定に関わり、これを行う中で、人は社会の小組織のレベルで経験を積み、やがて時を得れば、その経験はたとえば国家間関係におけるマクロのレベルに役立てることができよう。

5　生き方としてのコンフリクト

　こうして人は、いかにして紛争態度と紛争行動に内在する破壊的傾向を減少させ、動機的エネルギーをより建設的に利用し得る諸力に転化できるかを学ぶであろう。そして人は、自分自身および他者の想像力を活性化し、不両立性を解決——単に凍結ではなく——することを学ぶであろう。換言すれば、社会組織のより低いレベルの経験が、社会組織のより重要なそしてより高いレベルにおいて、そこからそれを引き出しそして生かすことのできる宝庫を構成するであろう。そしてそれは、人をして容易に紛争分極化の破壊的諸力の犠牲者になることを免れさせることであろう。

　おそらくこれはいくらかナイーブに聞こえるかもしれない。しかしわれわれは、民主主義を信じるのと同じ理由により、これらの言葉の背後にあるリアリティを信じる。それは人々を解放し、彼らを自分の運命の主人公にし、そのもとで人々が成熟し得るようにする道である。しかし、それは決して易しい道ではない。社会組織の１つのレベルから他のレベルへの即時的かつ直接的な移動はない。また社会組織の他のレベルへの移動のため、１つのレベルにおける民主的参加・紛争管理の即時的かつ直接的なトレーニングもない。[42]こうしたことは繰り返し反芻・練磨・熟考されなければならない。

　しかし、民主主義への活動的な態度が参加への積極的な態度にかかっているように、紛争管理への活動的な態度はより積極的なコンフリクトの見方に依存するであろう。コンフリクトは吟味されねばならない。しかしこのことは単に、「コンフリクトといかに共存するか」の問題に習熟することではない。そうした問題はむしろヴィクトリア時代の性への態度に似ている。すなわち、性は何か忍耐すべきものであり、共生を学ぶべきものではあれ、楽しむものではない。しかし性におけると同様、コンフリクトにおいても忍耐は十分ではない。あなたはそれを好み、それに愛をさえ捧げねばならない。両者とも、生の塩として、われわれがその中で生きるわれわれの存在を豊かにしてくれるからだ——チャレンジに向き合い、それを楽しむ成熟と勇気とをわれわれがもつならば。

　本稿は、次の２つの会議で行った報告の改訂版である。

Plenary Session of the World Federation for Mental Health, 7th International Congress, London, August 16th 1968.

Seminar on Residential Treatment of Emotionally Disturbed Children and Young People, Elsinor, October 16th 1968.

　発表の機会が与えられたこと、および有益なコメントと批判をいただいたことに対し、私は両会議の組織者および参加者に感謝する。なお、本稿は International Peace Research Institute, Oslo. が発行する PRIO publication No.1-9 に掲載が承認されている。

注

1）　パラダイスの精神的構築において、2つのオルタナティブの一方または他方がどのような条件のもとで開発されるのかについてより多くを知ることは、きわめて興味深いであろう。1つの条件は、パラダイスが本質的に世俗的存在の連続として理解されるかどうかにおそらく関わるに違いない。すべての人に保証される場合、パラダイスは、世俗的生活の完全な翻案として現れるであろう。そうでない場合、改宗者のみに提供される完全に異なる存在形態として現れるであろう。

2）　University of Essex の学生と協力して筆者はユートピアの社会的・政治的構造の長期にわたる研究に携わっている。

3）　もちろんこれは少数者が事実において得票数で勝つかどうかに依存する。あるいは妥協案が考慮されるかもしれない。

4）　これは Galtung, 'Theories of Conflict', ch.1, forthcoming でさらに展開される。

5）　ここでの用語法としてグループ内コンフリクトとは、サブグループ間またはグループを構成する諸個人間のコンフリクトではないことに注意すべきである。それはグループのメンバー内に見られるジレンマであり、集団として共有されるものである。

6）　ガルトゥング、前掲書、第1章。

7）　よく知られている例としては、人種差別の社会的・制度的な実行が、本質的にコンフリクト支配下の偏見的態度および人種間関係の理解によっていかに正当化されるか、ということがある。

8）　戦闘中の兵士のための祈りとしてこの種の思考タイプを反映した内容のものを多くの国は規定している。「私にとってこれは単に仕事にすぎない」とのテーマをめぐって行われた、腹心の部下との多くのインタヴューとも比較されたい。

9）　「導紛争」（derived conflict）の概念によってわれわれは原コンフリクトの態度的・行動的帰結がもたらすところのコンフリクトを考える。こうして、1人のアクターが暴力的紛争に起因する彼の欲求不満から行動を起こし、彼の敵対者を打倒することが彼の目標状態になるならば、これは明らかに敵対者の目標状態——害を被らないだけではなく、自身の向上をさえ望むものでそれがあった場合——と不両立となる。

10）　ノルウェー人にとって、ノルウェーについて考えることがここでの事例となる。きわ

5 生き方としてのコンフリクト

めて同質的な社会において、民族的・人種的差異の基礎の上に紛争素材を組み立てることは困難である。もっとも、確かに階級格差はあるものの、階級紛争の態度・行動のより極端な形態には容易に身を入れることのない種類のものである。しかしながらノルウェー人の紛争は、かなりの程度、宗教、アルコール、セックスの問題に関するイデオロギー的差異のまわりに、いくらかは、地域的な差異や利害、ノルウェー語が話される微妙なニュアンスのまわりに群生する。これらの5つは、群生し相関する傾向があるから、同じ敵対者が異なる紛争コンテクストの中で何回も現れ、ますます紛争を強化するのである。

11) エントロピー概念（「無秩序」や「でたらめさ」の意味で）の使用に関する議論は、次の論稿を参照されたい。Galtung, 'Entropy and the General Theory of Peace' in IPRA *Studies in Peace Research*, (Assen: Van Gorcum) (Essays I.2.)

12) こうした傾向のより詳細な分析は次の文献を参照されたい。Galtung, 'On the Future of the International System', *J. Peace Res.* 1967, 305. (Essays Ⅳ.18.)

13) このことはとりわけスイスに高いレベルの緊張をもたらした。この国は決して植民地国であったことはなく、おそらくEEC諸国に見られるような人種的多元主義の「トレーニング」の経験がなかったからであろう（ルクセンブルクを除いてEEC諸国は旧植民地国であった）。

14) これらの概念の分析は次を参照のこと。Galtung, 'International Relations and International Conflict: A Sociological Approach', *Transactions of the Sixth World Congress of Sociology* (International Sociological Association, 1966.) (Essays Ⅳ.9.)

15) この点は次の文献により詳しく展開されている。Galtung, 'Rank and Social Integration: A Multidimensional Approach', in Berger, Zelditch, Anderson: *Sociological Theories in Progress* (Boston: Houghton Mifflin Co., 1966.) (Essays Ⅲ.5.)

16) 「役割集合」(role-set) によって地位を作り上げる役割の集合を意味する（医者 対 一人の患者、医者 対 患者たち、医者 対 他の医者のように）。「地位集合」(status-set) によって、個人が有する形姿の集合を意味する（医者、父親、ロータリアン、白人等すべて合わせたもの）。

17) これらのテーマは米国の社会構造において広く展開されている。他国にも同じくそれが拡大しない理由はほとんどない。

18) 「大義なき反抗」「失われたユートピア」「イデオロギーの終焉」等のような題名をもつ多くの本を見よ。

19) これは次の文献によく記録されている。Berelson, Steiner, *Human Behavior: An inventory of scientific Findings* (New York: Holt, 1964).

20) われわれはここで「パラダイム」という用語を科学革命についての重要な仕事においてクーンが展開した意味で使っている。

21) この点はよりいっそう次の文献で展開されている。Galtung, *Theories of Peace*, forthcoming. (Also see Essays I.2.)

22) こうした議論のいっそうの彫琢は同上5および6節を見られたい。

23) 詳細は次の文献の解決に関する諸章を見られたい。Galtung, *Theories of Conflict*.

171

24) この点に関する信頼できる統計を得ることは難しい。しかし多くの国において10%と20％の間の値と推定できよう。1つの単純な理由として、医者やエンジニアの訓練に要する費用に比べて社会科学者の訓練は安いということがある。

25) まさに「客観性」の概念が最も挑戦に曝された概念の1つであることを見るのは興味深い。そしてこれは、新実証主義（neo-positivism）に対する新マルクス主義的批判（neo-marxist criticism）による挑戦において最も有効に行われた。

26) 平和研究のいくつかの概念に対する一般的な批判において、Schmidによってこの点がきわめて効果的に指摘された。Herman Schmid, 'Politics and Peace Research', *J. Peace Res.* 1968, 271.

27) もう1つのオルタナティブは、非結合的非暴力または「消極的非暴力」である。これは次の文献で言及されている。Galtung, 'On the Meaning of Non-violence', *J. Peace Res.* 1965, 228. (Essays II.15.)

28) こうしたコトバの決闘では、2人の当事者がある種の歌唱コンテストによって相互に相手を出し抜こうとした。そこでは聴衆から一番に笑いを引き出すことができた者が勝者に指定された。こうした技法の1つの分析として次を参照されたい。Johan Galtung, 'Institutionalized Conflict Resolution', *J. Peace Res.* 1965, 348. (Essays III.14.)

29) こうして、非軍事的防衛はある種の儀式をもつこと、すなわち戦闘が完了したと見なすことができ、勝者を指定することができる、いくつかの終結点をもつことが絶対に必要となる。

30) 典型的な例は、歴史／法制、および近代の諸社会科学間にそれぞれ基づく、世界の諸コンフリクトについてどれが最も有効なパースペクティブを有しているかに関して、古典的伝統と近代的伝統間に出現しつつあるコンフリクトである。しかしながら、これは「どちらかを」（either-or）ではなく「どちらをも」（both-and）の問題であり、競争的ではなく協力的パターンを見出す問題であることが、かなり明白であるように思える。

31) これは次の文献により詳しく展開されている。Johan Galtung, 'A Structural theory of Integration', *J. Peace Res.* 1968. (Essays IV.11.)

32) それらは主としてサンフランシスコに近い太平洋岸に位置している。

33) 「分極化」によって、「白－黒」的思考パターンに態度を組織する傾向、および2つの陣営に行動パターンを組織する傾向をわれわれは意味する。

34) これらの人格の相関性のいくらかは、「曖昧性のイントレランス」「閉ざされた精神」「ドグマティズム」として言及されるものである。しかしこれらの用語は、社会科学者によって彼らが好まない人々に対する攻撃の武器として用いられることもまた明らかである。

35) これらは次の文献の主要部分である。Galtung, *Theories of Conflict.*

36) スイスと日本がこの重要な例を提供している。

37) 一般の方法論において、1つの命題が多くを語れば語るほど、それが排除するものもそれだけ多くなる、という原則はきわめて実りあるものである。

38) 後者に関して私はとりわけ社会ドラマの技法を考えている。

39) 重要な文献として次のものを参照されたい。Maxwell Jones, *Beyond the Therapeutic*

5 生き方としてのコンフリクト

Community, (London: Vale University Press, 1968).

40)　これは現在、北欧諸国で行われている刑罰改革の一貫したテーマである。

41)　これはもちろん社会組織のミクロ・レベルにおける学生革命の主要内容である。

42)　こうしたことがもし実行されていたなら、民主的－独裁的次元におけるマクロ・レベルでの人々の行動とミクロ・レベルでのそれ——たとえば政治家としておよび家庭での父親として——との間に、現状よりもはるかに多くの一貫性があったに相違ない。

解題：ガルトゥング平和学の進化と深化

『ガルトゥング平和学入門』(2003) の「はしがき」で私は次のように書いた。「ガルトゥングの平和学は、すでに完成されたものとしてわれわれの前にあるのではない。それは現実とのするどい緊張関係を孕みつつ、概念的にも実践的にも更なる深化・発展の様相を見せている」と。この見解は今も変わらない。その具体的な様相はどういうものか。それを知るには、書かれた年代を考慮しつつ彼の主要論文を実際に読んでみるほかない。5篇の基礎的論文を選んで翻訳した所以である。これら諸論文を精読し、できれば全体を循環的に読むことにより、読者はガルトゥング平和学に通底する社会科学的発想およびその進化・深化の過程を把握することができよう。確かにそれは困難には違いない。しかし、ガルトゥング平和学を学ぶ意義はそこにこそあると思えるのだ。それはわれわれが挑戦するに値する課題でもあろう。

1　各論文の概要

まずは各論文の要旨を示す。読者はこれにより全体の見取り図を得ることができよう。それはまた読者に個性的な「読み」を促す一助ともなろう。

冒頭の「積極的平和とは何か」は、TMS（トランセンド・メディア・サービス：ガルトゥングが主宰する平和ネットワーク「トランセンド」TRANSCENDの定期刊行物）に掲載された論稿で、積極的平和 (positive peace) とは何かを簡潔・的確に伝える。日本の現政権が「積極的平和主義」(proactive contribution to peace) を喧伝する状況において、それを批判し対案の方向性を示すという意味で、タイムリーなエッセイといえよう。現代日本の「安全保障」をめぐる状況は、端的に「積極的平和」と「積極的平和主義」との対立と表現し得るからである。なお、図2「平和のイメージ」(182頁) は本稿の理解を助けるであろう。

解題：ガルトゥング平和学の進化と深化

　「暴力・平和・平和研究」(1969) は、ガルトゥング平和学の生誕を告げた記念碑的論文である。構造的暴力の概念や消極的・積極的平和の概念がここで初めて提出された。重要なことは、本論文は到達点ではなく出発点であることである。その後のガルトゥング理論の進化・深化の萌芽が、ほとんどすべてこの論文に書かれているのは、今日から見て驚くべきことである。もう1つ、特に注意しておきたいことは、構造的暴力の概念の提出にとどまらず、その具体的な在りようを分析するための道具立てが示されたことである（3節）。この点は従来、比較的に等閑に付されていたようだ。しかし、以下の「革命の構造的理論」および「生き方としてのコンフリクト」においても、こうした道具が駆使されるのを読者は見られるであろう。なお、本論文にはすでに日本語訳がある。ここに新たな訳を試みたのは、現代平和学の1つの起点をなすこの論文には、その重要性から、解釈や文体等の点で多様な翻訳があっても良いとの編訳者の強い思いがあるからにほかならない。

　「文化的暴力」(1990) は、「暴力・平和・平和研究」のフォローアップである。文化的暴力は、直接的・構造的暴力を正当化する、文化のもつ様々な側面である、と定義される。一例を挙げれば、「選民意識」(chosenness) である。それは、戦争（直接的暴力）、主権国家システム（構造的暴力）を正当化する。平和学の体系化に資するその意義はどこにあるのか。文化的暴力の概念の導入により、直接的および構造的暴力の相互関係が明らかになり、暴力現象の種々の諸相の深い分析が可能になるのだ。この点はあらためて3章1節において触れよう。

　「革命の構造的理論」(1974) の翻訳を訳者が思い立ったのは次の理由による。「暴力・平和・平和研究」と「文化的暴力」の間には約20年の時の経過がある。われわれがガルトゥング平和学の進化・深化の過程を理解するには、この間の思考の発展を多少とも追体験することが有効であろう、と。しかし本論文は、こうした訳者の意図を超えて、現代的意義をもっている。2点指摘しよう。第一に、本論文では「革命」という具体的なテーマに即して、「構造志向」の論理展開が周到に行われている。上述のように、ガルトゥング理論における形式的方法の側面には、これまで十分な注意が払われてこなかった。第二に、「構造」概念に基づく精緻かつ大胆な論理展開により、「革命」がほとんど「社会変

175

革」と同一視されるまでに拡張される結果、革命が過去の問題ではなく、まさにわれわれが生きる現代の問題であることが示されていることである。

　最後の「生き方としてのコンフリクト」(1969) は、題名の印象とは異なり、5篇の論文の掉尾を飾るにふさわしい社会科学の作品である。ガルトゥング平和学を構成する２本の柱は、暴力・平和理論およびコンフリクト理論であり、平和的紛争転換の概念が両者を結びつける。そのコンフリクトに関する論文がすでに1969年に「暴力・平和・平和研究」と同時に書かれていたのである。ここで示されたコンフリクトの定義はかなり特異である（そこにこそ独創性がある）。本論文には、コンフリクトの正確な定義、そこに至る思考の過程が緻密に描かれている。ガルトゥング理論を的確に理解するのに必読の基本文献といえよう。また、その発想源にガンディーの思想があるのを知ることは、今日、きわめて意義深いであろう。

2　ガルトゥング平和学の基礎的諸概念

　ガルトゥング平和学は、「平和とは、あらゆる種類の暴力の不在ないし低減である」との命題から出発する[4]。これ自体は平凡な何の変哲もない命題である。ガルトゥングの独創は、暴力の内容を精緻に分析し、暴力には３つの形態があることを指摘したところにある。この射程は、当初考えられていたよりも、広くかつ深い。

(1) 暴力の３つの形態

　暴力の３つの形態とは、直接的暴力・構造的暴力・文化的暴力である。それぞれの定義および例示を次に示す。

①直接的暴力 (DV：direct violence)：（極端なケースで示せば）迅速で意図的な殺人である。例としては、戦争、軍隊、テロなど軍事力が代表的である。

②構造的暴力 (SV：structural violence)：社会構造にビルト・インされた暴力であって、（極端なケースで示せば）緩慢な意図しない殺人である。政治的抑

圧、経済的搾取、文化的疎外など
がこれに該当する。
③文化的暴力（CV：cultural violence）：
直接的・構造的暴力を合法化・正
当化する文化の諸側面と定義され
る。ある種の宗教・芸術・科学・コ
スモロジーなどがこれに該当する。

図1　暴力の三角形

これら暴力の3つの形態は相互に支え合い、しばしば暴力の三角形として表現される（図1）。

(2) 紛争（コンフリクト）概念の導入

　紛争（conflict）とは何か。紛争とは、行為者（アクター actors）が有する目標（goals）間の不両立性（incompatibility）のことである。紛争には、まず行為者が存在する。行為者は目標を有し「行動」する。行動の基礎には行為者の「態度」がある。そして行為者の目標間の不両立性すなわち「矛盾」が存在する。これら3つの要素、すなわち態度（Attitude）・行動（Behavior）・矛盾（Contradiction）を、紛争の三角形ABCという。重要なことは、それ自体には何ら暴力的なものは含まれていないことである。結果として紛争から暴力が（しばしば）発生する。しかし、必ず暴力が発生するというのではない。紛争は人間発達のためのチャンスでもあるのだ。この点の理解は決定的に重要である。

　こうした紛争概念に基づく平和の定義として、どのようなものが考えられるだろうか。平和とは暴力の否定である。暴力は――それが起こるとするなら――紛争のなかで生起する。すると問題は次のようになる。紛争において発生するかもしれない暴力をいかに未然に防御するか。すなわち、暴力を否定し平和を作る過程は、紛争概念の導入によって、紛争の平和的転換の過程に変換されるのだ。ここから次のような平和の定義が生まれる。

　「平和とは、非暴力的（non-violent）・創造的（creative）な紛争転換（conflict

transformation）である。[5]」

「平和とは、共感（empathy）・非暴力（non-violence）・創造性（creativity）によって紛争を扱う能力である[6]」

　前者は平和的紛争転換（PCT：peaceful conflict transformation）に焦点を当てた定義であり、後者は平和的紛争転換を担う行為者の能力に焦点を当てた定義である。

　こうして生成する平和は、暴力の場合と同様、3つの形態をとるであろう。すなわち、①直接的平和（DP：direct peace）、②構造的平和（SP：structural peace）、および、③文化的平和（CP：cultural peace）である。

（3）トランセンド・メソッド（超越法）

　トランセンド・メソッド（超越法）とは、実際のコンフリクトの場において、平和的紛争転換のアイデアを実践的に使えるように方法化したものである。それは、紛争に関して診断・予後・治療の三段階からなる（医療とのアナロジーにおいて）。各段階の細目は次のようである。

［診断］　①紛争の行為者を特定する。
　　　　　②行為者の目標（ゴール）を明らかにする。
　　　　　③目標間の矛盾を明らかにする。
［予後］　④介入なしでは紛争が今後どのように発展するかを予測する。
［治療］　⑤行為者の各目標が正当的（legitimate）かどうかを問う。
　　　　　　イ）それは「人間の基本的必要」（BHN: Basic Human Needs）に基づくか？
　　　　　　ロ）それは「人間の基本的人権」（BHR: Basic Human Rights）に基づくか？
　　　　　　ハ）それは「法」に合致しているか？
　　　　　⑥正当な目標を繋いで、すべての行為者に受容可能な新たな目標を見つける。

⑦新たな目標を達成するのに各行為者がどう行動すればよいかをみんなで考える。

　紛争解決のワークショップ等でこの方法が実地に活用されることが期待される。
　トランセンド・モデルのより細密なイメージが表1に示されている。その読み方を簡潔に説明しておこう。両端の列には、左端に診断・予後の列、右端に治療の列がある。2列目は介入がない場合、6列目は介入がある場合の、それぞれ9段階の状況が示されている。中央の3列は、コンテクストとしての文化・自然（人間的自然と読め）・構造における各段階の特徴（ナラティブ）が記されている。何よりもまず、診断における紛争の三角形ABCに注目しよう。診断は、深層ABCから表層ABCにわたるコンフリクト・マッピングから開始されるのだ。予後は5段目の第一次帰結から始まり、それに応じた治療が行われる。最後の9段目は最悪の予後である。治療が順調に行けば、どこかの段階で、受容可能＋無暴力＋持続可能な解決に至る。それまでは治療を繰り返す。
　注意点をいくつか与えよう。まず、既述のように、紛争の三角形ABCそれ自体には暴力の要素は含まれていない。暴力的な態度や行動によって、暴力が結果として発生するのである。その意味において表1では、矛盾（C）をルート・コンフリクト、態度（A）および行動（B）をメタ・コンフリクトと呼んでいる。深層三角形ABCにおいても同様である。それは、深層態度（A）・深層行動（B）・深層矛盾（C）からなる[7]。そして、それ自身には暴力的な要素はない。たとえば、深層態度＝深層文化＝集合的下意識−文化的暴力とあるのは、集合的下意識（collective subconscious）から文化的暴力が除外されていることを示している。すなわち、文化的暴力の存在が意識化され、それを乗り越える平和文化が認識されているのだ。深層行動、深層矛盾においても同様である。
　次に、目標定立に関わって、構造的紛争（structural conflict）[8]とは何か。紛争とは、行為者（actors）が有する目標（goals）間の不両立性であった。行為者の行動は意図的である。しかし日常生活において、人々は、（構造に強いられる）利益（interest）を追求するのが一般であろう。その行動は、明確な価値意識に

基づかないという意味で、非意図的である。ゆえに、彼は行為者ではなく、当事者（party）にすぎない。すなわち、当事者が利益をめぐって争う状態を「構造的紛争」と呼ぶのだ。これに対比するとき、本来の紛争は「行為者紛争」（actor conflict）と呼ばれる。

　トランセンド・メソッドは、「診断」、「予後」、そして、平和学の性格を最もよく示す「治療」から構成される。表の右端にある治療の列の最初に、必要（needs）・権利（rights）・尊厳（dignity）とあることに注意されたい。診断・予後から治療に移行する、まさにその要の位置にそれらは置かれている。すなわち、具体的なコンフリクトの治療の全過程を貫く、それらは人間の基本的諸価値であるのだ。

　総じて、コンフリクト・マッピング、とりわけ意識的な目標定立がきわめて重要であり、そのプロセスにおいて人は当事者から行為者へと高まるのである。

(4) 消極的平和と積極的平和

　ガルトゥング平和学はその本質において次の2つの基本命題を基礎にしている。

　Ⅰ．「平和とは、すべての種類の暴力の不在／低減である。」
　Ⅱ．「平和とは、非暴力的かつ創造的な紛争転換である。」

　Ⅰが成立しても、それは暴力が否定された状態にすぎず、それ自体は暴力でも平和でもない。しかし、ここからこそ平和が生まれるという意味で、それを消極的平和（negative peace）と名付ける。その上に立って、Ⅱによって積極的平和（positive peace）が創造されるのだ（表2）。

　以上を、より動的に捉えてみよう。Ⅰは暴力の否定としての平和のフォーミュラの命題化であり、Ⅱは平和的紛争転換としての平和のそれである。ここで、やや形式的に次の問いを発してみよう。Ⅰで表現された平和と、Ⅱで表現された平和とは同じものだろうか？　実は、ⅠとⅡとを等置することの中にガルトゥング平和学の体系（そのあらゆる可能性）が成立するのである。その動的

解題：ガルトゥング平和学の進化と深化

表1　平和的紛争転換による平和：トランセンド・モデル[9]

	紛争の診断・予後 無介入	Ⅰ内的ナラティブ：診断・予後	Ⅱ外的ナラティブ：診断・予後	Ⅲ相互ナラティブ：診断・予後	Ⅳ介入：否定的予後の回避	
診断	1.コンテクスト	文化	自然	構造	リサーチ	
	2.深層ABC三角形	深層態度 =深層文化 =集合的下意識 −文化的暴力	深層行動 =深層自然 =基本的必要 −自然的暴力	深層矛盾 =深層構造 =基礎的構造 −構造的暴力	必要 権利 尊厳 満足 平和文化 平和構造	
	3.目標定立	価値（行為者）： 行為者紛争	目標 ・両立性 ・中立性 ・不両立性	利害（当事者）： 構造的紛争	目標制限 帰結分析	
	4.コンフリクト 表層ABC 三角形	態度 （メタ・コンフリクト） 共感 受容可能	行動 （メタ・コンフリクト） 非暴力 ＋無暴力	矛盾 （ルート・コンフリクト） 創造性 ＋持続可能	調停 対話： ・マッピング ・正当性 チェック ・架橋 ＝解決	治療
予後	5.第一次帰結	欲求不満 否定的 ・認識 ・感情	欲求不満 否定的 ・スピーチ ・行動	無関心 低度の参加	怒りの転換 アンガー・ コントロール	
	6.第二次帰結	分極化 非人間化 態度的分極化	分極化 非人間化 行動的分極化	分極 構造：2ブロック 冷戦	平和構築 脱分極化 人間化	
	7.第三次帰結	攻撃 憎悪の拡大 自己破壊的	攻撃 暴力の拡大 他者破壊的	自己維持的 暴力の悪循環 熱い戦争	非暴力 ソフトな平和 維持	
	8.基本的帰結	自己のトラウマ 癒し・終結	他者のトラウマ 癒し・終結	脱構造化 垂直的 空虚	和解 ・過去清算 ・未来連帯	
	9.悪循環の生成	戦争文化 勝者の目的：さらなる栄光 敗者の目的：報復・復讐	戦争行動 ・攻撃的スピーチ ・身体言語 ・行動	戦争構造 ・垂直的 ・専心服従	自己維持的 平和の好循環 の創造	

表2　平和＝消極的平和＋積極的平和[10]

	直接的平和（DP）	構造的平和（SP）	文化的平和（CP）
消極的平和（NP）	(1) DVの不在 ＝停戦； 廃墟・墓場	(2) SVの不在 ＝無搾取； 無構造＝アトミー	(3) CVの不在 ＝無正当化； 無文化＝アノミー
積極的平和（PP）	(4) DPの構築 ＝協力	(5) SPの構築 ＝公平・衡平	(6) CPの構築 ＝対話・調和
平和（NP＋PP）	(1)＋(4)	(2)＋(5)	(3)＋(6)

図2　平和のイメージ[11]

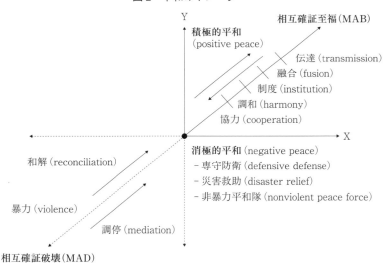

な性格は図2「平和のイメージ」に示されている。

　(X, Y)座標はアクターが2個のコンフリクトを表している。原点を零とすれば、マイナスの方向は暴力を示す（点線）。ゆえに第3象限は暴力を表し、その極限はMAD（相互確証破壊 Mutual Assured Destruction）である。すると、原点は消極的平和を表す！　第1象限は積極的平和を表し（実線）、その極限はMAB（相互確証至福 Mutual Assured Bliss）である。積極的平和はいくつかの段階を経てそれ自身において発展していく（場合により後退があるかもしれない）。

解題：ガルトゥング平和学の進化と深化

3　いくつかの主要な論点

　ガルトゥング平和学を通底する重要な諸論点のうち、ここでは３点をとりあげ、その含意を考察することにしよう。

(1)「暴力」概念の拡張──「ガルトゥング平和学」の核にある思想

　「暴力・平和・平和研究」(1969) では、まず暴力について次のように述べられる。「人間が現実に、肉体的・精神的に達成したものが、彼らの潜在的な実現可能性を下回るような、そうした影響を彼らが蒙ったとき、そこには暴力が存在する」(８頁) と。これは暴力が存在する条件である。しかし種々の暴力をわれわれは日々経験している。すると、この言明は何を意味しているのか。まず、「われわれがなぜ狭義の暴力概念を拒否しているのかはやがて明らかになる」(同上) と述べられる。「狭義の暴力概念」とは、「行為者 (アクター) により結果を意図して行われる、肉体の無力化または健康の剥奪 (その極端な形態である殺人も含めて)」(同上) のことである。そして次のように続く。「もしこれが暴力のすべてであれば、そしてその否定が平和と見られるのであれば、平和が１つの理想として立論されるとき、排除されるものはあまりにも少ない。とうてい受容できない社会秩序が平和と両立することになる。ゆえに拡張された暴力の概念が不可欠になる」(同上) と。ここから個人的 (直接的) 暴力に加えて「構造的暴力」の概念が初めて導入されたのである。こうした暴力概念の拡張がガルトゥング平和学の核にある思想・方法であって、そのダイナミックな展開はそこに根差しているように思えるのだ。

　「暴力・平和・平和研究」では、文化的暴力の概念はまだ現れない。それが定義され、その含意が十分に展開されるのは「文化的暴力」(1990) においてである。文化的暴力の概念の平和学体系にとっての意義は何か。文化的暴力の概念の導入によって、暴力の一般理論の展開が可能になることであろう。ここで暴力の一般理論とは、直接的・構造的・文化的暴力の相互関係の理論のことである。「暴力・平和・平和研究」では、構造的暴力の概念が初めて提出され、

183

その重要性が示された。しかし、そこでは直接的暴力と構造的暴力の一般的な関連性が十分に展開され得なかったのである。「2つのタイプの暴力は、論理的にはもとより経験的にも、単純に結びついているようには見えない」(32頁)と結論されたのであった。

　ここに文化的暴力の概念が導入されれば、どうなるか。たとえば、あるDVとあるSVが並存している、あるいは時間的に継起したとしよう。それだけであれば、これらのDVとSVとの関係は、あるともないとも言えない。しかし、あるCVがあり、このCVがこれらのDVおよびSVを正当化しているならば、このCVを媒介に、これらDVとSVとは相互に関連性をもつと言えるであろう。すなわち、CV概念の導入によって、DVとSVとのより一般的な相互関係の分析が可能となるのである。

　暴力概念の拡張が含意するさらに重要な論点は、それが暴力の否定としての平和概念の拡張にも繋がることである。これについては3節であらためて取り上げよう。

(2) 構造分析

　ガルトゥング平和学の体系において、構造的暴力それ自体の構造分析が枢要な部分を占めることについてはすでに述べた。ここでは単純なモデルを設定し、構造分析の機能・効果を示そう。

　2つの大国(勝ち組[topdog]T1およびT2)が存在する。それぞれの下には従属国(負け組[underdog]U1およびU2)がある。直接的暴力(DV)はT1－T2間(戦争)、またはU1－U2間(代理戦争)で起こりやすい。それぞれの大国と従属国の関係は、前者が後者の背の上にどっかり座っているというイメージの構造的暴力(SV)である(図3)。

　今、U1－U2間で代理戦争が発生したとする。国際社会は即座に反応し、停戦が叫ばれる。そしてその実現が平和と見なされる。しかし、そうした代理戦争＝直接的暴力の原因となっている構造的暴力は、目には見えないから人々の意識にのぼることはない。抑圧・搾取された最底辺の人々は、依然として旧態のまま取り残される。さらには、そうした状態が「自然」であるとの言説＝文

図3　暴力の相互関係[12]

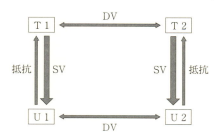

DV：直接的暴力
SV：構造的暴力
T：Topdog, U：Underdog

化的暴力が、人々の怒り・憤激を押さえこみ、批判的意識を無効にする。文化的暴力の概念——直接的・構造的暴力を正当化する——は、この場合、そうした言説の背後には構造的暴力があることを人々に予想させる。怒りに裏づけられた批判的意識が生まれる。それは人々をしてより深い社会認識へと向かわせる。抑圧された人々は抵抗運動に立ち上がる……。重要なことは、こうした予想は文化的暴力の概念があるからこそ可能になるということだ。人は予想されたものしか見ることはできないからである。

(3)「積極的平和」の概念の再定義

「暴力・平和・平和研究」での暴力の定義は次のようであった。重要だから、再度、確認しよう。「人間が現実に、肉体的・精神的に達成したものが、彼らの潜在的な実現可能性を下回るような、そうした影響を彼らが蒙ったとき、そこには暴力が存在する。」すなわち、暴力は潜在的なものと現実にあるものとの間の差異の原因として定義される。そして、その原因に関して1つの条件が付加されるのだ。回避可能 (avoidable) という条件である（この点は従来あまり重視されてこなかったように思える）。たとえば、「もし人が18世紀に結核で死亡したとしても、これを暴力と考えるのは困難である。それはほとんど不可避であったに違いないからだ。だが、世界に医学的な諸資源があるにもかかわらず、今日、その人が結核で死亡したならば、われわれの定義によれば、そこには暴力が存在する」(9頁)。しかしこうした暴力の定義は問題含みなのである。「たとえば、識字はどこでも高い関心がもたれている。しかし、キリスト

教徒であることの価値は高度な論争の的となる。ゆえに、識字があるべき水準より低い場合には、われわれは暴力について語ることができよう。しかし、キリスト教があるべき水準より低い場合には、そうはいかないであろう」（10頁）。ここには平和学が深く掘り下げるべき重要な課題が示唆されている。この問題は、「暴力」概念の歴史性と深く関わっていよう。暴力概念の歴史性というとき、何が含意されているのだろうか。

　第一に、暴力の手段における歴史性である。たとえば、暴力的手段としての核兵器の存在を考えるとき、このことは自明であろう。
　第二に、暴力の原因の回避可能性に歴史性の問題が現れる。上述のように、このことはすでに指摘されていた。
　第三に、人間の社会認識の歴史的な発展・蓄積がある、と考える。

　「戦争」を取り上げよう。戦争は、集合的・組織的な「暴力」とされる。しかし、なぜ、戦争は暴力なのか？　暴力の定義によれば、戦争が回避可能となるとき、戦争は暴力となる。そして、戦争が回避可能であるためには、その不可欠な条件として、戦争それ自体を原理的・法則的に否定する社会認識の歴史的発展・蓄積がなければならないのである[13]。しかし、それだけでは十分でない。社会認識の歴史的発展・蓄積の上に立って、戦争を回避・廃絶しようとする人間の主体的な意思が必要となるのだ。また逆に、そのような人間の主体的意思そのものが、歴史的に規定・生成されるのである。こうしたコンテクストにおいて、戦争回避・廃絶の人間の主体的諸努力を積極的平和と名付けることは、当を得ているに相違ない。

　読者にはここで、再度、冒頭の「積極的平和とは何か」をあらためて読んでいただきたいと思う。

おわりに

　翻訳（translation）に関して若干の感想を述べておこう。昨年（2018）の５月31

解題：ガルトゥング平和学の進化と深化

日、本訳書出版の件でガルトゥングの京都の自宅に伺った際、翻訳に関して次の2点を彼に尋ねてみた。ガルトゥングの英語の文章は時に難解で、日本語に翻訳するのがきわめて困難であること、しかしその反面、内容を深く理解できるという点で翻訳には重要なメリットがあること。これへの返答は次のようであった。「私も自分の文章を翻訳して読むことがある。表現がambiguousで、書いた本人でさえ理解できないことがあるからだ」と。私には意外なしかし興味深い回答であった。いま考えてみて、おそらく真意は主要には次のようであったろう。彼の母語はノルウェー語である。しかし、ポリグロット（多言語話者）として論文を英語で書くとき、彼は英語の世界で書いている。当然そこには母語とのずれが生じる。だから、ambiguousな表現を翻訳するというとき、彼は母語に翻訳しているのだ。ここには翻訳という営為の本質的な問題が現れていよう。しかしこのことをここで論じたいのではない。

　戦後日本の代表的な一社会科学者の言葉が私の念頭にあるのだ。彼は言う、「社会科学が日本語を手中に収めえないかぎり社会科学は成立してこないし、日本語が社会科学の言葉を含みえないかぎり、日本語は言葉として一人前にならない[14]」と。平和という言葉は日本語の中に埋もれてしまっているのではないだろうか。このつたない翻訳によって、「平和」という一単語が、社会科学の言葉としてあらためて日本語の中に入って行くことを、少なくともその1つの契機となることを、私はひそかに願っているのだ。

1）　藤田明史「はしがき」、ヨハン・ガルトゥング＋藤田明史編著『ガルトゥング平和学入門』、法律文化社、2003、p.iii.
2）　藤田明史・松元雅和「巻頭言『積極的平和』とは何か―戦後70年の時点に立って」「編集後記」、日本平和学会編『平和研究第45号』、法律文化社、2015。
3）　ヨハン・ガルトゥング『構造的暴力と平和』、高柳先男・塩屋保・酒井由美子訳、中央大学出版部、1991。
4）　藤田明史「平和とは何か」、ヨハン・ガルトゥング＋藤田明史編著、前掲書、p.8.
5）　同上、p.9.
6）　ヨハン・ガルトゥング「平和学とは何か」、奥本京子訳、ヨハン・ガルトゥング＋藤田明史編著、前掲書、p.58.
7）　ヨハン・ガルトゥング『ガルトゥング紛争解決学入門』、藤田明史＋奥本京子監訳、ト

ランセンド研究会訳、第5章金曜日「深層文化・深層行動・深層構造」を参照されたい。

8） Johan Galtung, Introducing Structural Conflict, *A Theory of Conflict—Overcoming Direct Conflict*, Kolofon Press, 2010, pp.158-162.

9） 表1は、次の文献中のTable2.1.の翻訳である。Johan Galtung, Introduction: peace by peaceful conflict transformation-－the TRANSCEND approach, *Handbook of peace and conflict studies*, edited by Charles Webel and Johan Galtung, Routledge, 2007, p.17. なお、裏表紙のデザインとして同表のカラープリント版を使うことについて、ガルトゥングの同意を得ていることを記しておく。

10） 藤田明史・松元雅和「巻頭言『積極的平和』とは何か―戦後70年の時点に立って」、日本平和学会編、前掲書、p.ix.

11） 図2「平和のイメージ」は、第1章「積極的平和とは何か」に基づき、次の文献にある原図に追加を行ったものである。ヨハン・ガルトゥング「ミリタリーをどうするか―憲法9条と自衛隊の非軍事化―」藤田明史編訳、『立命館平和研究―立命館大学国際平和ミュージアム紀要―第13号』、2012、p.3（図1）。

12） 図3は、ガルトゥングの次の議論をパラフレーズし、解題者が作成した。ヨハン・ガルトゥング「平和学の展開と地政学的コンテクスト―平和学における冷戦の影響について―」田北多絵訳、安齋育郎教授退職記念論集編集委員会編『平和を拓く』、かもがわ出版、2006、pp.108-109.

13） 日本国憲法9条の歴史的意義をこの観点から考察することは、今日、きわめて重要であろう。今後の課題としたい。

14） 内田義彦「社会科学の視座」、『作品としての社会科学』所収、『内田義彦著作集』第八巻、岩波書店、1989、p.30.

執筆者紹介

■著　者

ヨハン・ガルトゥング（Johan Galtung）

1930年生。前オスロ国際平和研究所長。平和と開発のためのネットワーク「トランセンド」を主宰。1987年度ライト・ライブリフッド賞受賞。著書は *A Theory of Peace: Building Direct Structural Cultural Peace*, Kolofon Press, 2013, *Peace by Peaceful Means: Peace and Conflict, Development and Civilization*, SAGE, 1996など多数。2003年よりトランセンド平和大学（TPU）を主宰。2024年2月逝去。

■編訳者

藤田明史（ふじた・あきふみ）

立命館大学非常勤講師（平和・紛争論）、日本平和学会会員、トランセンド研究会共同代表、安斎科学・平和事務所客員研究員。

共編著『ガルトゥング平和学入門――*Introduction to Galtung's Theory of Peace: Grasping Peace for the 21st Century*』（法律文化社、2003年）、共訳『ガルトゥングの平和理論――グローバル化と平和創造』（ヨハン・ガルトゥング、法律文化社、2006年）、監訳『ガルトゥング紛争解決学入門――コンフリクト・ワークへの招待』（ヨハン・ガルトゥング、法律文化社、2014年）など。

ガルトゥング平和学の基礎

2019年9月20日　初版第1刷発行
2024年9月20日　初版第2刷発行

著　者　ヨハン・ガルトゥング

編訳者　藤田明史
　　　　ふじ た あきふみ

発行者　畑　　光

発行所　株式会社 法律文化社

〒603-8053
京都市北区上賀茂岩ヶ垣内町71
電話 075(791)7131　FAX 075(721)8400
http://www.hou-bun.com/

印刷：亜細亜印刷㈱／製本：㈱吉田三誠堂製本所
装幀：前田俊平
ISBN 978-4-589-04027-5

Ⓒ 2019 Akifumi Fujita Printed in Japan
乱丁など不良本がありましたら、ご連絡下さい。送料小社負担にて
お取り替えいたします。
本書についてのご意見・ご感想は、小社ウェブサイト、トップページの
「読者カード」にてお開かせ下さい。

JCOPY　〈出版者著作権管理機構　委託出版物〉
本書の無断複写は著作権法上での例外を除き禁じられています。複写される
場合は、そのつど事前に、出版者著作権管理機構（電話 03-5244-5088、
FAX 03-5244-5089、e-mail: info@jcopy.or.jp）の許諾を得て下さい。

ヨハン・ガルトゥング／藤田明史編著

ガルトゥング平和学入門

A5判・242頁・2750円

ガルトゥングの平和理論の概念装置を体系的に提示し、その実践方法である「紛争転換」について概説。また、同理論的立場からテロをめぐる言説、東アジアの平和構想、平和的価値創造、非合理主義批判などを検討する。

ヨハン・ガルトゥング著
木戸衛一・藤田明史・小林公司訳

ガルトゥングの平和理論
―グローバル化と平和創造―

A5判・282頁・3630円

平和を脅かすあらゆる紛争を平和学理論に基づいて整理し、紛争転換のための実践的方法論を提示したガルトゥング平和理論の体系書。国家や民族の紛争だけでなく、開発や文化に内在する問題にも言及。

日本平和学会編

戦争と平和を考える NHKドキュメンタリー

A5判・204頁・2200円

平和研究・教育のための映像資料として重要なNHKドキュメンタリーを厳選し、学術的知見を踏まえ概説。50本以上の貴重な映像（番組）が伝える史実の中の肉声・表情から、戦争と平和の実像を体感・想像し、「平和とは何か」をあらためて思考する。

日本平和学会編

平和を考えるための100冊+α

A5判・298頁・2200円

平和について考えるために読むべき書物を解説した書評集。古典から新刊まで名著や定番の書物を厳選。要点を整理・概観したうえ、考えるきっかけを提示する。平和でない実態を知り、多面的な平和に出会うことができる。

日本平和学会編

平和をめぐる14の論点
―平和研究が問い続けること―

A5判・326頁・2530円

いま平和研究は、複雑化する様々な問題にどのように向きあうべきか。平和研究の独自性や原動力を再認識し、果たすべき役割を明確にしつつ、対象・論点への研究手法や視座を明示する。各論考とも命題を示し論証しながら解明していくスタイルをとる。

―――法律文化社―――

表示価格は消費税10%を含んだ価格です